세계 황제를 노리는 남자
시진핑의 본심에 다가서다

세계 황제를 노리는 남자
시진핑의 본심에 다가서다

오오카와 류우호오 지음

안 미 현 옮김

가림출판사

책머리에

마침내 일본을 위협하는 정체가 밝혀졌다. 현대 중국이 세계 최강의 자리로 오르려는 시기에 등장한 남자 '시진핑'. 히틀러를 '작은 인물', 독일 제3국을 '작은 제국'이라고 서슴없이 평가하는 남자. 그리고 스스로 세계제국 '원(元)'을 세운 '칭기즈칸'이 환생했다고 알리는 인물.

종교가로서 양심적으로 말하자면 이것은 사실이라고 생각한다. 그렇다면 과연 일본 민주당 정권의 간 나오토나 센고쿠 요시토는 '칭기즈칸'에 대항할 수 있을까? 자민당의 다니가키 총재는 대항할 수 있을까? 일본에 더 이상 선택권은 없는 것일까?

일본 국민에게 요청한다. 아직 미약하지만 '행복실현당'에 대한 힘을 받고 싶다. 행복실현당이 일본의 실제 '국가전략실'이니까.

2010년 10월 26일

행복실현당 창립자 겸 당 명예총재

오오카와 류우호오

Contents | 차례

 '영언(靈言)현상'이란 저 세상에 있는 영 존재의 말을 대신해서 말하는 현상이다. 이는 고도의 깨달음을 얻은 자에게 특별히 나타나는 것으로, '영매현상(靈媒現象 : 트랜스 상태-정상적인 의식이 아닌 상태. 최면 상태나 히스테리 상태에서 나타나는데, 외부 세계와 접촉을 끊고 깊은 명상 상태에 들어가 특수한 희열에 잠기는 것을 이른다-가 되어 의식을 잃고 영이 일방적으로 말하는 현상)'과는 다르다. 외국인의 영(靈)이 영언할 때는 영언현상을 행하는 자의 언어중추에서 필요한 말을 골라내어 일본어로 말할 수 있다. 인간의 혼은 여섯 명의 그룹으로 되어 있으며, 저 세상에 남아 있는 '혼의 형제' 중 한 명이 이 세상에서 수행하는 본인의 수호령을 맡고 있다. 즉 수호령이 실은 자기 자신의 혼의 일부인 셈이다. 따라서 수호령의 영언이란 말하자면 본인의 잠재의식에 접근하는 것이며, 그 내용은 그 사람의 잠재의식에서 생각하는 것(본심)이라고 할 수 있다.

세계 황제를 노리는 남자
시진핑의 본심에 다가서다

2010년 10월 21일
시진핑 수호령의 영시(靈示)

시진핑(習近平, 1953~)

중화인민공화국의 정치인. 부친은 시중쉰(習仲勳) 전 부총리. 이른 바 태자당(중국 공산당 고위 간부의 자제 그룹)의 한 사람. 2007년에 정치국 상무위원으로 발탁되어 중국 공산당 지도부에 입성했다. 이듬해인 2008년에 전국인민대표대회에서 국가부주석으로 선출되고, 2010년 10월에 중앙위원회 총회에서 당 중앙군사위원회 부주석으로 선출되었다. 사실상 후진타오 현 국가주석의 후계자가 되는 것으로 확정된 상태이다.

| 질 | 문 | 자 |

마츠시마 히로노리(松島弘典) : 행복실현당 간사장

사토무라 에이이치(里村英一) : 행복의 과학 홍보국장

※ 수록 시점의 지위임

01

중국의
차기 국가주석
시진핑에 대해 알아보다

정보가 부족하다

오오카와 류우호오

오늘 아침에 중국의 원자바오 총리 수호령과 북한의 김정은 수호령의 영언집 원고를 교정했습니다(《원자바오 수호령이 말하는 대중화제국의 야망》, 행복실현당 간행).

마침 중국에서는 중국 공산당의 전국인민대표회의가 열렸습니다. 현재 부주석인 시진핑 씨가 2012년에는 아무래도 중국의 차기 최고지도자가 될 것이 거의 확실합니다. 생각지 못한 일이 일어나지 않는 한 그렇게 될 것입니다.

그렇게 된다면 아마 총리에는 리커창(李克強) 씨가 취임해 '시진핑-리커창' 체제가 구축될 것입니다.

내가 낸 영언집이나 예언서 등을 살펴보면, 2010년부터 2020년 정도에 걸쳐 일본에 엄청난 위기가 발생할 것이며 그 위기의 '진원지'는 중국일 것이라고 예언하고 있습니다.

중국은 현 체제에서 이미 일본에 대한 정책을 시행하고 있습니다. 하지만 이제 곧 차기 국가주석이 될 시진핑 씨에게 '일본의 최후'가 달렸다고 생각합니다.

그러므로 '이 사람이 과연 어떤 인물인가'를 빨리 알리는 것은 큰 의미가 있습니다. 아직은 정보가 부족하다고 생각합니다.

여러분 가운데에는 시진핑 씨를 잘 모르는 분도 있을 것입니다. 시진핑 씨는 작년(2009년) 12월 천황에게 긴급 알현을 요청한 인물입니다. 천황과의 회견에는 '30일 규칙'이라는 것이 있습니다. 말하자면 30일 전에 신청하지 않으면 만날 수 없다는 규칙입니다. 그런데 그는 이 규칙을 깨고 '천황과 만나게 해달라'고 막무가내로 요구하고 당시 오자와 이치로 간사장과의 사전 교섭을 통해 마침내 천황과 회견했습니다.

그가 이렇게 강력하게 요청한 이유는 천황과 회견하여 '차기 주석이 되기 위한 포석을 깔고, 그것을 천하에 알리고 싶다'는 것이었습니다.

후진타오 현 중국 국가주석도 부주석일 때 천황과 회견했습니다. 그러므로 시진핑 씨의 회견도 자신이 중국 최고지도자의 후계자임을 확고히 하기 위해서였다고 생각합니다. 상당히 억지로 진행된 이 회견에는 이런 배경이 있었습니다.

차기 국가주석 자리를 확고히 했다

이번에 중앙군사위원회 부주석에 선출되어 군의 2인자가 됨으로써 시진핑 씨가 차기 국가주석이 되는 것이 확실시되었습니다. 다만 본래 작년에 부주석으로 취임할 것이라고 이야기되었는데 그 당시는 취임하지 않아 어떻게 된 건가 싶었습니다.

올해에 드디어 취임할 수 있었습니다만, 아마 지금까지 약 1년 동안 상당한 세력 다툼이 있었으리라고 추정됩니다. 작년 말에 천황과 만나 자신이 차기 중국 최고지도자임을 기정사실화하고, 나아가 올해 있었던 권력 투쟁에서 이긴 것으로 생각합니다.

현재 시진핑 부주석과 원자바오 총리의 관계가 어떻게 되는지 모르겠습니다.

지금까지 중국 공산당 내 서열은 시진핑 씨가 6위, 리커창 씨가 7위이고, 그 위로 5위까지는 2012년에 은퇴하는 사람들이라고 생각됩니다.

사실 리커창 씨는 후진타오 국가주석의 심복으로 오래전부터 총애하며 키운 기대주 같은 존재이며, 먼저 두각을 나타냈습니다.

그동안 시진핑 씨는 출세가 늦어 지방 도시의 수장이나 성장 등의 직무를 맡았습니다.

그의 부인은 유명한 가수로, 일본으로 말하자면 〈홍백가합전〉 같은 연말의 초대형 가요 프로그램에서도 가장 마지막에 등장하는 '국민 가수' 입니다. 그래서 예전에는 시진핑 씨보다 부인이 더 잘 알려졌습니다. 시진핑 씨는 2007년경에 갑자기 주목받기 시작했습니다. 그리고 형세를 뒤집어 리커창 씨를 제치고 위로 치고 올라갔지요. 나이로는 시진핑 씨가 두 살 정도 많다고 생각됩니다. 과연 '시진핑 주석-리커창 총리' 체제가 성립될지, 현재의 '후진타오 주석-원자바오 총리' 체제처럼 될지가 앞으로 주목되는 부분입니다.

시진핑 씨

　이와 같은 사람들이 분명히 일본의 운명을 쥐고 있을 것입니다.

　이미 후진타오 수호령(《국가사회주의란 무엇인가?》(행복의 과학 출판 간행), 제3장 참조)이나 원자바오 수호령의 영언 수록은 모두 끝난 상태여서 오늘은 일단 시진핑 씨의 영언만 수록하고자 합니다.

　이 사람이 어떤 사람인지 살펴볼 수 있다면, 일본의 국가적 이익이 얼마나 클지 헤아릴 수 없을 것입니다. 2년 후에 그가 차기 국가주석이 되는 것으로 확정되었다면 차후 시진핑의 생각이 중국의 국가 전략에 상당히 큰 영향을 미칠 것입니다.

　따라서 이 사람이 어떤 생각을 하는지 파악해 두는 것은 전략상 매우 중요합니다. 행복의 과학에 '국가전략실'이 있다는 말은 언뜻 듣기에 이상하겠지만, 일본 정부를 대신해 행복의 과학의 국가전략실에서 대책을 세울 필요가 있다고 생각합니다.

이 사람이 어떤 인물인지, 사고방식이 어떤지를 다양한 관점에서 파악하고, 매스컴을 대신해서 그 핵심을 밝혀나갈 수 있다면 고마울 것입니다.

(질문자에게) 거물은 거물이라서 사명이 큽니다. 경우에 따라서는 차기 미국 대통령보다도 큰 권력을 손에 넣을 가능성이 있고, 세계의 모든 나라 가운데 가장 높은 위치에 설 가능성이 있는 사람입니다. 철저하게 파악하길 바랍니다.

행복실현당의 간사장이 접견할 수 있는 상대인지는 알 수 없습니다.

일갈(一喝)을 받고 끝날 수도 있는 어려운 상대라고 생각합니다. 잘 분발해 주세요.

나도 첫 만남이라 어떤 사람인지 모릅니다. 매우 속이 깊은 사람인지, 무서운 사람인지, 거짓말쟁이인지 정체를 알 수 없는 사람입니다.

중국의 차기 국가주석
시진핑에 대해 알아보다

02

마오쩌둥과
문화대혁명에 대한 평가

문화대혁명에 대한 평가

오오카와 류우호오

(질문자에게) 그럼 준비됐습니까? 시작하겠습니다. 어떤 사람인지는 모르겠지만.

(심호흡을 다섯 번 한다.)

중국의 차기 국가주석 예정자, 시진핑 씨의 수호령이여.
중국의 차기 국가주석 예정자, 시진핑 씨의 수호령이여.
부디 행복의 과학 종합본부에 오셔서 당신의 본심을 밝혀 주십시오.
시진핑 씨의 수호령이여.
부디 행복의 과학 종합본부에 오셔서 당신의 본심을 밝혀 주십시오.

(약 1분 30초 동안의 침묵)

시진핑 수호령 : 아하하하하, 하하, 하하하핫.

마 츠 시 마 : 시진핑 부주석(수록 당시)의 수호령님이십니까?

시진핑 수호령 : 하하. 그렇다.

마 츠 시 마 : 오늘 이렇게 행복의 과학 종합본부까지 친히
와 주셔서 진심으로 감사합니다.

시진핑 수호령 : 역시 자네들도 조공을 바치러 왔는가?

마 츠 시 마 : 아닙니다.

시진핑 수호령 : 조공을 바치기에는 아직 이르지 않은가?

마 츠 시 마 : 이번에 중국의 차기 최고지도자로 결정된 일
은 정말 축하합니다.

시진핑 수호령 : 핫핫핫하, 앗핫핫핫핫핫하. 고마워.
일본의 지도라도 챙겨왔는가?

마 츠 시 마 : 아니요. 가지고 오지 않았습니다.

시진핑 수호령 : 그럼 공물로 무엇을 준비했는가?

마 츠 시 마 : 오늘은 처음이라서 일단……

시진핑 수호령 : 빈손인가? 빈손이군. 아아, 그렇군.

마 츠 시 마 : 시진핑 부주석에 대해 이웃나라인 일본의 국
민이나 세계 사람들에게 소개하고 싶습니다.

시진핑 수호령 : 나에 대해 아는 건 정말 중요한 일이지.

마 츠 시 마 : 잘 부탁합니다.

시진핑 수호령 : 그래.

♣ 차기 국가주석이라도
말을 가려 하지 못 하면 만일의 경우가 생긴다

마 츠 시 마 : 일본에서는 잇달아 1년 만에 총리대신이 바
꿉니다. 하지만 중국에는 최근 60년 동안 국
가주석이라고 할 만한 최고지도자가 네 명 정
도밖에 없었습니다.
그래서 처음의 마오쩌둥(毛澤東), 덩샤오핑(鄧
小平), 장쩌민(江澤民), 그리고 후진타오(胡錦濤)
현 국가주석까지 네 명에 대해 각기 업적이나
시진핑 부주석이 내리는 평가를 이야기해 주
셨으면 합니다.

시진핑 수호령 : 자네는 역사학자인가?

마 츠 시 마 : 아니요. 그렇지 않습니다.

시진핑 수호령 : 응? 그런데 중국 국가주석 후계자에게 전임자
들의 근무 평가를 해달라는 건가?

마 츠 시 마 : 감상평도 괜찮습니다.

시진핑 수호령 : 지금 이야기한다면 2년 동안(수록 시점에서 주
석이 될 때까지의 기간)은 문제되지 않을까?

마 츠 시 마 : 예, 그럴 수도 있겠네요.

시진핑 수호령 : 자네가 그걸 악용하면 만일의 경우도 생겨.
그분들이 '날 그렇게 낮게 평가하다니……'
라고 생각하게 되면 무슨 일이 생길지 모르잖
아? 어디에 함정이 있는지 누가 아나?

마 츠 시 마 : 그렇습니까?

시진핑 수호령 : 그래서 말은 잘 가려서 해야 해. 중국은 정말 무
서운 나라야. 차기 국가주석이라도 말을 잘 가
려서 하지 않으면 어둠 속으로 사라지는 일이
생길 수도 있어. 알겠어?
그래서 내가 최대한 어른스러운 말로 이야기할

테니 자네도 내가 하는 어른스러운 말을 어른스
러운 귀로 듣고 해석하길 바랄게.

마 츠 시 마 : 예.

♣ 경제에 무지했던
마오쩌둥

시진핑 수호령 : 그럼 마오쩌둥부터 시작할까?

마 츠 시 마 : 예.

시진핑 수호령 : 마오쩌둥은 말이야. 공식적으로는 '건국의 아
버지'로 칭송받을 정도로 위대한 분이야.
유대 왕국 건국의 아버지인 모세보다 훨씬 거대
한 나라를 세웠으니 모세보다 훨씬 위대한 분이
지. 그리고 미국 건국의 아버지인 조지 워싱턴
과 비교해도 중국이 더 거대한 국가니까 마오쩌
둥이 더 위대하다고 할 수 있어.

중국 공산당에 재적하는 사람들의 공식적인 견해로는 위대한 카리스마와 항일의 상징이 되었다는 의미로 중국 역사의 진시황제에도 필적할 만한 분이라고 말할 수 있어.

또 어른스러운 말로 약간의 설명을 덧붙이자면, 그는 '경제에 무지한 면'이 있었어. 중국이 독립국으로 나라를 수립한 후에 전통적인 경제 사회에서 벗어나 공업화로 이행하는 것이 늦어진 건 어떤 의미에서는, 뭐 말은 잘 골라서 해야겠지만, 마오쩌둥의 통치 후반기에 해결하지 못한 부분이었다고 생각해.

군사 영웅은 좀처럼 경제나 정치면에서는 영웅이 될 수 없는 경우가 많아. 일본의 예를 들면, 사이고 다카모리는 막부를 무너뜨리는 데는 리더로 활약했지만 메이지 시대에는 통치자로서 적합하지 않았지. 마오쩌둥은 이미 천명을 다하셨으니까 사이고와 같은 최후(사이고는 자살함)를 맞지는 않았지만, 군사 영웅이라고 해서 경제나 정치면에서도 영웅이 될 순 없다는 점에서 중국 공산당의 의견은 일치한다고 생각해.

'너무 오래 살았다' 라는 식으로 말하면 목숨이 위태로우니까 그렇게 말해서는 안 돼. 하지만 실제로 그런 측면이 있다고 생각해.

새로운 나라를 만드는 과정에서 겪은 하나의 시련이었다

사　　　회: 제가 여쭤보겠습니다. 시진핑 부주석의 저서에는 마오쩌둥이 시작한 문화대혁명 시기에 아버지와 함께 상당히 고생을 하며 괴로운 나날을 보냈다고 적혀 있습니다. 저는 이것이 바로 시진핑 씨께서 정치계에 입문한 계기였다고 생각합니다.

시진핑 수호령 : 자네, 중국에는 금기사항이 많아서 항상 조심해야 해. 최후의 순간까지도 방심해서는 안 돼. 문혁(문화대혁명)은 말이야. 그 일에 대해서는 모두 다양한 생각을 해. 정말 여러 생각이 공존하지. 하지만 성공적이었다고 말할 사람은 아무도 없을 거야.

다만 새로운 국가가 탄생할 때 시행착오를 할 수는 있잖아? 그런 의미에서 국가를 만들어가는 과정에서 다소의 대가를 치르는 건 어쩔 수 없어.

개인적인 한(恨)이나 일가족이나 친족의 한 같은 걸 열거하다 보면 얼마든지 나올 수 있다고 생각해. 그건 하나의 시련인 거야. 그 시련의 다음 단계가 바로 이 나라를 바꾼 거야. 뭔가를 해보고도 아무 소용이 없었다면, 그 반대의 것을 해보게 되니까 말이야. 그래서 문화대혁명은 꼭 필요한 마이너스적 요소였다고 생각해.

마오쩌둥과
문화대혁명에 대한 평가

03

친일파라는
보도는 사실인가?

보도는 사실인가?

마 츠 시 마 : 시진핑 부주석은 태자당임에도 그런 고생을 했다는 점으로 신문 등에서 큰 인물, 인민의 마음을 잘 아는 정치가로 보도되었습니다.

시진핑 수호령 : 나는 지방에서 온갖 고초를 겪고 성공한 사람이니까 말이야.

자네는 잘 알고 있군. 태자당이란 '왕자당' 이라는 의미인데, 난 태자당이긴 해도 꽤 힘든 시절을 보냈어. 그러다가 지방 수장 직급에서 여기까지 올라온 거야. 내가 여기까지 올 거라고는 아무도 예상하지 못했을 거야. 그저 지방 수준의 인재라고 생각했겠지.

앞에 나에 대해 영광스러운 소개도 있었는데, 아내가 워낙에 유명하다 보니 당시 지방 수장 정도이던 나는 기둥서방 같은 취급을

당했지 뭐.

자네들 말로 표현하자면, 난 그런 취급에도 꽤 인내심이 있는 사람이긴 해.

마 츠 시 마 : 그와 더불어 연해부(沿海部)에도 자주 다니셔서 '경제에 해박하다' 라고 이야기됩니다.

시진핑 수호령 : 그건 그래. 지도부에만 너무 오래 있으면 아무것도 모르게 되니까.

나는 중국인들이 잘살게 할 방법을 연구해왔어. 미국에서는 주지사 경험이 있는 사람이 자주 대통령이 되잖아? 주지사로서의 실제 통치 능력과 시민 사이에서의 인기 등으로 '시험' 을 하고 나서 대통령이 되잖아? 어떤 의미에서 보면 난 그와 비슷한 경력인 것 같아.

마 츠 시 마 : 각 보도 기관의 보도를 살펴보면 '경제에 밝고 군에도 있었기 때문에 매우 균형감 있는 인물이다' 라고 표현하는 경우가 많습니다. 그리고 친일파라고 언급되기도 합니다.

시진핑 수호령 : 훗.

마 츠 시 마 : 그런데 당신을 추천한 사람이 상하이방(上海
幫)의 장쩌민파라고 들었습니다.

장쩌민 씨 이전까지의 지도자들은 모두 친일
파였다고 생각합니다. 그러다 장쩌민이 국가
주석일 때 반일 운동을 펼쳐서 일본과 냉각기
를 겪은 적도 있습니다.

당신도 친일파로 보입니다만, 일본에 대해 어
떤 이미지가 있고 어떻게 생각하는지 알려 주
시기 바랍니다.

시진핑 수호령 : 자네는 날 친일파로 분류했군.

마 츠 시 마 : 사실 모르는 부분이 많습니다만 시진핑 부주
석은 친타이완파나 친일파로 보도되고 있습
니다.

시진핑 수호령 : 덩샤오핑이나 장쩌민도 난안(南岸 : 충칭시 남
서쪽)과 상하이 지역 경제 세력들의 지지를 얻
었으니까. 그래서 경제를 생각해서 일본과의
교류가 중시하다 보니 친일파로 보이는 면도
있었을 거야. 나도 그런 지지 기반이 있어서

그렇게 보이는 면이 있을 거고.

하지만 나는 사실 '경제' 에만 중점을 두는 것

은 아니야. 나는 황제니까.

마 츠 시 마 : 황제라고요?

시진핑 수호령 : 나는 '황제 중의 황제' 야.

친일파라는
보도는 사실인가?

04

중국은
황제를 모시는
민주주의 국가

내정 간섭에 해당한다

마 츠 시 마 : 지금 세계에서 유일하게 국가의 최고지도자
를 '황제'로 칭할 수 있는 곳은 바로 중국이
라고 생각합니다.

시진핑 수호령 : 응. 그렇군.

마 츠 시 마 : 저희는 지금까지 마오쩌둥, 덩샤오핑, 후진타
오, 원자바오 씨의 수호령을 불러내어 여러
이야기를 들었는데, 한결같이 '나는 황제다'
라는 의식이 있었습니다〔《마르크스 · 마오쩌둥
의 영적 메시지》,《애덤 스미스 영언으로 듣는 '신국
부론'》,《국가사회주의란 무엇인가?》(모두 행복의
과학 출판 간행),《원자바오 수호령이 말하는 대중화
제국의 야망》(행복실현당 간행) 참조〕.

그러나 세계는 민주주의 쪽으로 이행합니다.
그 가운데에 있으면서 자신이 황제임을 스스

로 인정하고 자국을 대제국처럼 의식하는 건 세계의 반감을 산다든가 하는 등 위험시되지 않을까요?

예를 들면 노벨평화상을 받은 류샤오보(劉曉波) 씨의 문제나 센카쿠 열도 문제가 그렇다고 생각합니다.

시진핑 수호령 : 노벨평화상 문제는…… 자네는 대화 범위가 좁군.

마 츠 시 마 : 하지만 거기에 문제가 나타난 게 아닐까요?

시진핑 수호령 : 노르웨이 평화위원회가 누구에게 상을 주든 그건 그쪽 마음대로이긴 하지. 그래도 노벨상을 국가 통치 원리를 혼란스럽게 한 자들에게 주는 건 아니지. 그건 내가 아니라 그 누가 봐도 그래……

마 츠 시 마 : '노르웨이 평화위원회' 말입니까?

시진핑 수호령 : 노르웨이 평화위원회가 세계에 공로가 있는 사람에게 표창하는 건 마음대로 해도 돼. 하지만 그 이면에 숨겨진 의도가 있어. 중국 정

치 체제에 못을 박겠다는 목적이 명백하잖아? 그건 자네들이 잘 쓰는 말로 말하면 내정 간섭에 해당하지 않겠나?

마 츠 시 마 : 하지만 중국의 패권주의나 군비 확대는 주변 국가들에도 위협을 가합니다. 단지 중국만의 문제는 아니라고 봅니다.

시진핑 수호령 : 자네들 입장에서 말해 본다면 이런 거야. '천황제 반대'를 주장해서 체포된 좌익 테러리스트가 형무소에 수감된 중에 노벨평화상을 받는다면 일본 국민은 그 소식을 대대적으로 보도하기를 바랄까? 입장을 바꿔보면 이해할 수 있어.

마 츠 시 마 : 일본에서는 단지 천황제에 반대했다는 이유만으로 사람을 체포하지 않습니다.

시진핑 수호령 : 하지만 예를 들어서 십만 명의 시위대를 조직해서 황궁을 포위하고 황궁을 향해 바주카포를 쏴댈 계획을 세운 자가 체포돼서 교도소에 들어가 있다고 해봐. 그런 자에게 노벨평화상

을 수여한다면, 자네들은 '노벨상 수상자 선
정이 바람직하다'라며 기뻐하겠어?

마 츠 시 마 : 거기에 대해선 중국의 발표와 다른 나라의 발
표 간의 신빙성 차이도 존재할 것으로 생각합
니다.

시진핑 수호령 : 음.

♣ 중국은
민주주의를 할 생각이다

마 츠 시 마 : 중국은 언론 통제를 하고 있습니다. 그리고
20년 전에는 천안문 사건도 있었습니다. 그러
던 중에 류 씨와 같은……

시진핑 수호령 : 그렇지만…… 그런데 자네에게 이런 말을 한
다면 실례일 수도 있겠지만, 류……?

마 츠 시 마 : 류샤오보 씨입니다.

시진핑 수호령 : 아니, 그런 식으로 말하고 싶지는 않아. 사형 수가 아니라고 해도 그자는 일단 범죄인이니까 말이야. 국가 지도부에 있는 사람이 그런 자를 긍정하는 발언을 한다면, 국가 통치 원리가 무너져. 그건 결국 '우리는 올바른 법질서를 갖추고 있지 못하다' 라는 걸 인정하는 셈이 될 테니까.

법질서가 올바른지 여부는 나라에 따라 다르다고 생각해. 자네들 입장으로 말하자면 지금 중국은 전전(戰前) 시대의 일본 같은 파쇼(Fascio) 체제야. 그래도 인민대회가 열리고 은퇴도 있으니까 일단 정권 교체가 이루어지고 있는 셈이지.

그런 의미에서 중국에 민주주의의 토대가 전혀 없다고 할 수는 없어. 일단 당 대회를 통해서 지도자 등이 선출되니까.

그런 의미에서 자네들이 생각하는 것과는 다를 거야. 하지만 자네들이 천황제를 받들며 의회제 민주주의를 하는 것과 마찬가지로 우리도 황제주의(皇帝主義)를 받들며 의회제 민주주의를 하는 거야. 문화가 서로 다른 데서 생기는 차이니까 서로 할 말은 있겠지.

마 츠 시 마 : 예.

시진핑 수호령 : 우리가 보면, 혹은 다른 나라가 보면 자네들의 천황제를 받드는 민주주의란 건 웃긴 이야기야. 자네들은 그게 올바르다고 믿겠지? 하지만 투표로 선출되지 않은 사람이 최고 자리에 있으니 웃긴 이야기지.

중국에서 최고 자리인 국가주석은 적어도 투표를 거쳐. 한 번 선출되면 비교적 길게 10년 정도 하게 되지만 말이야. 일단 투표로 뽑는다는 건 미국 대통령제와 비슷해. 그리고 업적에 대해 평가를 받고, 실각해야 할 때는 실각하기도 하니까. 적어도 선출 과정만 놓고 보면 중국이 일본보다 민주주의 체제인 셈이지. 그리고 '국가로부터 억압받아서 국민이 자유

롭지 못한가?' 에 대한 것은 우리는 인구가 워낙 많아서 일일이 생각을 알기가 어려워. 전체적으로 일본이 부유한 것은 인정하지만 '어느 쪽이 행복한가?' 에 대한 것은 서로 이론이 있잖아?

마 츠 시 마 : 그 부분에 대해서는 아마 내정 간섭이라고 말할 수 있는 부분도 있습니다. 이제 별로 시간이 없기 때문에……

시진핑 수호령 : 천천히 해. 자네. 너무 서두르지 마.

자네 말이지. 중국의 황제를 맞이하면서 그렇게 서두르면 안 돼. 저녁 식사로는 중국 요리가 나오나? 천천히 진행하지 그래?

마 츠 시 마 : (쓴웃음을 지으며) 감사합니다.

시진핑 수호령 : 요리가 순서대로 나오면 먹으면서 진행하는 게 어때?

사   회 : 시간은 있으니……

시진핑 수호령 : 천천히, 천천히, 천천히 하자고.

05

영사(靈査)로
밝히는
권력 투쟁의 내막

원자바오 총리를 실각시키기 위한 음모

사　　　회 : 그럼, 조금 천천히 진행하겠습니다. 우선 중요한 것부터 여쭤보겠습니다.

실은 지난번에 원자바오 총리의 수호령님을 불렀습니다. '차기 국가주석은 시진핑 씨가 아닙니까?' 라고 여쭤보았는데, 놀랍게도 '그건 아직 알 수 없다. 다시 말해, 군부를 아군으로 만들 수 있느냐에 따라 달라진다. 이 부분에서 지금 후진타오 주석과 싸우는 중이다' 라고 답변했습니다.

그리고 원자바오 씨는 '지금 세계를 돌면서 점수를 따려고 한다' 라고 이야기했습니다.

대체 지금 중국 지도부에서는 어떤 일이 일어나고 있습니까? 이 부분의 내정에 대해 알려 주셨으면 합니다.

시진핑 수호령 : 그 사람도 교도소에 들어갈 가능성이 있어서.

사　　　회 : 지금 당신 주변에서 대체 어떤 대립이 일어나고 있나요?

시진핑 수호령 : 일단 중국도 세계대국에 속하기 때문에 여러 가지로 보도되고 비판을 받는 입장이 되어가고 있어. 그래서 지도자의 업적에 대한 비판이 나오는 거야.

원자바오 역시 업적에 대한 비판이 나오겠지. 그는 일본 민주당의 하토야마를 응원하는 데 실패했고, 최근에는 센카쿠 열도의 어선 문제던가? 자네들이 소란을 피우는 그 일을 정리하는 데 실패했어. 국제 여론에서 중국이 고립되어 궁지에 몰리는 일이 생긴다면, 원자바오의 목을 바쳐야 그 일이 수습될 거야.

사　　　회 : 센카쿠 사건은 장쩌민파가 시작했다는 소문도 있습니다만.

시진핑 수호령 : 그런 소문이 있다고 해도, 사실상 일어난 사건의 해결이나 마무리는 해당 직위에 있는 사

람이 생각해야지.

사　　　회 : '사건의 마무리에 대해 꼭 책임져야 한다'라는 의미인가요?

시진핑 수호령 : 역시 책임이란 그 입장에 있는 사람의 몫이야. 그래서 그는 지금 책임을 져야 해. 그는 그 변명을 하기 위해서 세계를 돌고 있어. 일본에 대해서도 강경한 말을 한다거나 일부 악역 연기도 하고 있겠지? 그건 국가로서 그에게 책임을 지게 한다는 전략이야. 다시 말하면, 그의 목을 바치는 것으로 마지막을 결론지으려는 거지.

사　　　회 : 그건 누구의 생각입니까?

시진핑 수호령 : 하하하하. 자네, 그건 그냥 분위기상 그렇다는 거야. 분위기상.

사　　　회 : 분위기로 짐작한 것인가요?

시진핑 수호령 : 일본인 식으로 말하면 그렇지(일본인 특유의 애매모호하게 말하는 방식을 의미).

사　　　회 : 그럼 중국인 식으로 말하면 어떻습니까?

시진핑 수호령 : 그렇게 되면, 후진타오와 나의 생각이란 뜻이
야.

♣ 앞으로 2년 동안
후진타오 주석을 섬기는 척할 것이다

사   회 : 그렇다면 후진타오 주석과 시진핑 씨는 스크
럼을 짜고 있다는 말씀입니까?

시진핑 수호령 : 아직도 나를 약간 의심하고 있어.

사   회 : 의심한다고요?

시진핑 수호령 : 후진타오는 말이야. 앞에서도 말했듯이, 나에
게 군 지휘권을 넘기는 걸 주저했어.

사   회 : 그래서 1년 동안 지휘권을 잡을 수 없었군요.

시진핑 수호령 : 아직도 나를 믿지 못하는 부분이 있어서 후진
타오는 아마 남은 2년 동안 내가 '자기를 어
떻게 섬기는지' 시험할 거야. 그래서 2년 동

안은 내가 자중해야만 하는 기간이야.

사　　회 : 자중한다고요?

시진핑 수호령 : 그러니까 후진타오를 섬기는 척해야 해.

사　　회 : 섬기는 척을 한다?

시진핑 수호령 : 2년 동안은…… 그래서 그의 노선을 답습해
야만 해.

♣ 후진타오는
국가주석 그릇은 아니다

사　　회 : 후진타오 주석과 장쩌민 씨는 별로 사이가 안
좋았다고 생각됩니다만, 시진핑 씨는 두 사람
과 모두 관계가 있죠?

시진핑 수호령 : 역시 후진타오는 말이야, '임시용' 이었어. 본
래 황제가 될 만한 사람은 아니었어.
이게 활자화되는 건 안 좋은데. 일본어를 할

줄 아는 중국인도 있을 테니까……

사　　　회 : 이곳은 일본이니까 괜찮습니다.

시진핑 수호령 : 그래도 일본어를 읽을 줄 아는 중국인이 있

어서 이런 내용이 중국에 알려지면 나는……

사　　　회 : 중국의 지도부는 읽지 않을 것입니다.

시진핑 수호령 : 응? 그래? 읽지 않아? 그럼 됐어.

사　　　회 : 예.

시진핑 수호령 : 본래 그는 주석이 될 그릇으로서는 부족한 남

자였어.

사　　　회 : 부족하다?

시진핑 수호령 : 어쩔 수 없는 상황이라 일단 대역으로 채워진

느낌이었어. 하지만 드디어 내가 실질적 주석

으로 나온 거야.

사　　　회 : 그럼 그늘진 곳에서는 역시 장쩌민 씨와 연결

되어 있다고 생각해도 되나요?

시진핑 수호령 : 응? 아니, 잘 알지는 못해. 하지만 그는 리커

창 쪽을 더 좋아했어……

사　　　회 : 장쩌민 씨가 말입니까?

시진핑 수호령 : 아니, 아니.

사   회 : 후진타오 주석이 말입니까?

시진핑 수호령 : 그래. 후진타오가 키운 사람이니까. 내가 급히 나온 것은 그의 뜻대로 움직이지 않는 세력이 나를 지지하기 때문이야. 자네도 상상할 수 있겠지.

사   회 : 뜻대로 되지 않는 세력이란, 인민해방군을 의미합니까?

시진핑 수호령 : 중국도 더 커졌으니 여러 세력이 있겠지. 지금 13억 5천만 명을 넘어서 14억 인구가 되려고 해. 예를 들면 그 14억 인민이 향후 10년 동안 누구에게 정권을 맡겨야 행복해질지 생각하는 거야. 그건 중요한 선택이지. 그래서 이젠 중국에도 다양한 조직이 압력 단체로 존재해.

나는 수험생 같은 존재

사　　　회 : 상하이방이나 태자당에서 가장 지지를 받는
사람은 시진핑 씨라고 합니다.

시진핑 수호령 : 하하하, 자넨 어지간히 '너구리' 같군.

사　　　회 : (웃음)

시진핑 수호령 : 그렇다고 해도 나는 쉽게 본심을 말하지 않
아. 나는 앞으로 2년 동안 자중해야 하는 사람
이야. 수험생 같은 존재인 셈이지.

사　　　회 : 수험생입니까?

시진핑 수호령 : 수험생이야. 아직 대학에 합격하지 못한 수험
생.

사　　　회 : 지난번에 원자바오 수호령님이 왔습니다만,
행복의 과학에 대해 모르고 계셨습니다. 그러
므로 '중국에서는 그만큼 많은 사람이 행복
의 과학 출판물을 읽지는 않는다'를 전제로

해서 본심을 말씀해 주시기 바랍니다.

시진핑 수호령 : 그래?

♣ 반일 시위로
중·일 역전의 봉화를 쏘아 올렸다

사　　　회 : 큰 의문점이 하나 있습니다.

지금 중국의 내륙부 주변에서 대규모 반일 시위가 일어나고 있습니다. 이 시위는 정부 관할하에 있는 조직의 학생들이 주도하는 것 같습니다. 그들은 지시를 받아야 움직이는 사람들이지요.

시진핑 수호령 : 음.

사　　　회 : 이 시위를 주도하는 학생들을 움직이는 건 장쩌민 씨나 당신이 아닐까 생각됩니다만.

시진핑 수호령 : 장쩌민은 일단 은퇴했지만, 그 정도의 영향력

은 있겠지.

북한도 그렇지만, 정권 교체가 일어날 때는
약간의 불꽃을 쏘아 올려야 하는 면이 있어서
말이지.

사　　　회 : 역시.

시진핑 수호령 : 뭔가…… 좀……

사　　　회 : 단순히 불꽃으로 봐도 좋다는 의미군요.

시진핑 수호령 : 응. 다만, 일본 입장에서는 '구로후네(黑船 : 쇄
국을 하던 일본에 미국의 배가 와서 개국하지 않을
수 없게 된 사태) 내습'의 경험 때문에 우리가
축포를 쏘아 올린 것만으로도 침공하려는 것
으로 생각할 수도 있겠군.

사　　　회 : 중국 내에서는 단지 불꽃이라는 말씀이군요.

시진핑 수호령 : 그래.

사　　　회 : 그렇다면, 무엇을 겨냥한 불꽃입니까?

시진핑 수호령 : '중·일 역전의 봉화'를 쏘아 올린 거야.

사　　　회 : 봉화였군요. 하지만 지금 중국 내에서 가장
큰 문제는 세력 다툼입니다. 세력 다툼이 일

어날 때 누가 가장 난처한가요?

 '일본이 경제면에서는 중국보다 낫다' 라는 인식이 굳어졌지만, 올해에는 상황이 역전될 거야. 그래서 '일본 경제는 중국 경제의 종이 되었다' 라는 말을 듣게 될 거야.

그리고 '중국은 이미 미국과 대등한 위치이며, 일본과는 우열을 가리기 어려운 씨름의 천하장사가 되었다' 라는 선언을 할 거야. 그리고 '2인자로 떨어진 일본은 이미 천하장사가 아니다' 라는 점을 스스로 인정해야 해.

지금 배일(排日) 운동을 하며 일본 상품 불매 운동, 상품 불태우기, 데모 등을 하면 사실 경제적으로 우리가 손해잖아? 우리는 그 정도도 모를 만큼 바보가 아니야.

이런 혼란이 있으면 보통 일시적으로 손해를 보거나 세계에서 비난이 쏟아질 거라는 걸 알고 있어. 중국 지도부는 그 정도는 전부 계산할 수 있는 인텔리야. 세계의 비난이 쏟아

지는 상황 같은 시련을 견뎌내는 국가의 힘
이 어느 정도인지 잔꾀를 부려서 실험해 보
는 거야.

'그런 혼란 속에서 차기 지도자를 정했다' 는
점이 북한과 약간 비슷하지.

♣ 후진타오나 원자바오를 요리하고,
리커창에 대해서는 충성도를 확인한다

사   회 : 지금 가장 곤란한 분은 후진타오 씨가 아닙니
까?

시진핑 수호령 : 후진타오는…… 말을 잘 골라서 해야 하지만,
'이미 차기 주석이 정해졌다' 라는 말로 나타
낼 수 있어.

자네, 영어 공부는 하고 있나?

사   회 : 예, 조금.

시진핑 수호령 : 영어로 말하자면 '레임덕(lame duck)' 이야. 알

겠나? 레임덕이라는 말? 해석해 봐

자네, 해석 못 하나? 레임덕 뜻도 몰라? 역시

영어 실력은 중국이 일본보다 좋군. 레임덕도

해석을 못 하다니.

(마츠시마를 향해) 자네는 어떤가? 예전에 종합

상사(綜合商社)에서 근무했는데 무슨 뜻인지

모르나?

내가 말해야 하나?

그 말은 보통 미국 대통령의 임기가 끝나갈

때 마지막 1년을 일컫는 거야. 그래서 '이미

사용 만기' 라고 해야 하나? 목이 조여진 채 요

리에 쓰이기만을 기다리는 칠면조 같은 것으

로 비유할 수도 있어. 우리는 이미 목이 졸린

칠면조를 레임덕이라고 부르기도 해.

후진타오는 이미 '목이 조여진 칠면조' 상태

이고, 그 다음 단계는 요리해서 축제에 내놓

는 거야. 말해서는 안 될 내용이긴 하지만(강

연회장 내 웃음).

사　　　　회 : 요리하고 계신 분은 누구입니까?

시진핑 수호령 : 나야.

사　　　　회 : 역시.

시진핑 수호령 : 당연한 거잖아?

사　　　　회 : 역시.

시진핑 수호령 : 나는 국가주석으로 임기가 시작되기도 전에
2년 정도 빨리 굉장한 힘을 부여받았기 때문
에 그 사이에 당연히 이들을 처리해야만 해.

사　　　　회 : 그럼 요리 대상은 후진타오 씨와 원자바오 씨
입니까?

시진핑 수호령 : 당연히 원자바오도 요리할 거야.

사　　　　회 : 리커창 씨는 어떻습니까?

시진핑 수호령 : 그가 나에게 충성할지 어떨지 살펴보려는 참
이야.

후진타오가 있는 동안에는 그를 숙청할 수 없
어. 후진타오가 있는 동안에는 손을 쓸 수가
없지. 하지만 후진타오가 레임덕, 죽은 칠면

조가 되었다고 확인되면, 요컨대 '후진타오
의 명령으로는 이미 군이 움직이지 않는다'
는 게 확정된 단계에서 그가 나에게 충성을
맹세할지를 확인하기 위해 충성도를 확인할
거야.

사 회 : 그밖에 '꼭 요리해야겠다' 라고 생각하신 사
람이 있습니까?

시진핑 수호령 : 지금은 리커창 외에는 라이벌이 없어.

사 회 : 예, 알았습니다.

시진핑 수호령 : 일단 리커창은 후진타오와 일체화된 상태거
든.

06

일본의 언론이나
정치인에 대한
공작이 있는가?

언론이나 정치인에 대한 공작이 있는가?

마 츠 시 마 : 질문자를 바꾸기 전에 한 가지 더 여쭤보겠습니다.

일본 외교에 비해…… 중국은 외교상 로비 활동이나 공작 활동 같은 것을 잘하는 것 같습니다.

시진핑 수호령 : 자네 이야기는 듣다 보면 모든 이야기가 사소하고 하찮아. 사소한 이야기. 온통 사소한 이야기만 하는구나……

마 츠 시 마 : 향후의 중·일 관계 등 큰 이야기에 대해서는 뒤에 대기하는 다음 질문자가 여쭤볼 것입니다.

중국은 일본 언론에 대한 공작을 어떤 방법으로 했습니까? 또한 정치인에 대한 공작은……

시진핑 수호령 : 언론에 대한 공작은 일절 하지 않았어.

마 츠 시 마 : 아니, 저. NHK……

시진핑 수호령 : 우리는 언론에 대한 공작은 일절 하지 않아.

단지 일본의 언론은 중국을 무시하고 세계정
세를 보도할 수 없잖아? 그래서 중국에 아첨
하는 거야. 일본 언론은 중국에 아첨해서 정
보를 얻고 그걸로 보도해. 게다가 그 양이 점
점 늘고 있어.

중국의 정보를 보도하기 위해 중국에 파고들
어 와서 열심히 아첨하고 조공을 바치는 거
야. 우리가 공작하는 일 따위는 없어. 그런 쩨
쩨한 일은 하지 않아.

마 츠 시 마 : 그렇습니까? 정치인에 대해서도 그런……

시진핑 수호령 : 마찬가지야. 자네들이 보면 중국은 폐쇄 국가
니까, 그쪽이 우리에게 정보를 얻어내려고 지
금 아양을 떨고 있는 거야. 우리 쪽에서 부탁
하며 여러 가지 일을 하는 경우는 없어.

마 츠 시 마 : 예. 그럼 질문자를 바꾸어 향후 일본과의 관
계에 대해서……

시진핑 수호령 : 일본과의 관계?

마 츠 시 마 : 당신이 최고지도자를 맡을 가능성이 있는 2012년부터 2022년까지의 10년 동안……

시진핑 수호령 : (다음 질문자인 사토무라에 대해) 다음은 누구지? 자네는 우주인인가 그렇게 언급된다지?〔《우주인 리딩》(오오카와 류우호오, 행복의 과학 출판 간행) 참조〕

저기 있잖아. 자네 개구리를 닮았는데. 우리 중국인은 개구리를 먹어. 식문화의 하나로 개구리나 뱀을 먹지.

마 츠 시 마 : (쓴웃음을 지으며) 자, 그럼 다음 질문자가 이어서 여쭤보겠습니다.

07

앞으로의
일·중 관계를
어떻게 할 것인가?

♣ 2년 전에 《넥스트 엠페러》에서
이미 시진핑에 대해 논의했다

시진핑 수호령 : 자네는 개구리를 닮았다는 이야기를 들어도 겁내지 않는군. 하하하하하하. 하하하하하.

사 토 무 라 : 예. 질문자를 바꿨습니다.

시진핑 수호령 : 맛있어 보이는 개구리군. 상하이에는 자네 같은 개구리를 많이 팔아.

사 토 무 라 : (쓴웃음)

시진핑 수호령 : 개구리를 요리해서 먹으면 꽤 맛있어.

사 토 무 라 : 중국에서 저도 꽤 보았습니다.

시진핑 수호령 : 하하하.

사 토 무 라 : 오늘 이런 기회를 주셔서 감사합니다.

저는 2년 전쯤에 당신을 '차기 황제'로 논한 책의 출판에 참여했습니다(《넥스트 엠페러(Next emperor)》행복의 과학 출판, 2008년 5월 발간).

시진핑 수호령 : 그래?

사 토 무 라 : 틀림없이 그 책은 일본에서는 당신에 대해 최
초로 논평한 책이었습니다.

시진핑 수호령 : 그래? 자네, 그렇게 훌륭한 사람인가?

사 토 무 라 : 그때부터 저는 당신에게 이런 날이 오리라는
것을 알고 있었습니다.

시진핑 수호령 : 자네, 정말 훌륭해.

사 토 무 라 : 아닙니다. 당치 않습니다.

시진핑 수호령 : 꽤 유명한 언론에 종사하는 분인가?

사 토 무 라 : 아닙니다. 예전에 〈더 리버티〉(행복의 과학 출
판 간행)라는 잡지의 편집장을 맡은 적이 있습
니다.

시진핑 수호령 : 유명한 언론사에 다니지 않는다는 걸 미리
알고 일부러 물어본 거였어(강연회장 내 웃음).
미안.

사 토 무 라 : 예.

시진핑 수호령 : 나는 약간 못된 면이 있어서 알면서 일부러
물어본 거야. 내가 나빴어. 사과할게.

사 토 무 라 : 아닙니다. 당치도 않습니다.

시진핑의 수호령님한테서 직접 이야기를 듣는
정말 멋진 기회를 주서서 감사합니다.

시진핑 수호령 : 그러면 〈더 리버티〉를 중국에 유리하게 내용을
바꿔줘. 얼마든지 이야기해 줄 테니까.

사 토 무 라 : 이번 이야기의 내용에 따라서는 그것도……

시진핑 수호령 : 오늘은 내 욕을 쓰는 것이 목표지?

사 토 무 라 : 아니요. 당치도 않은 말씀입니다. 그럴 의도
는 전혀 없습니다.

시진핑 수호령 : 그럼, 그러면 안 돼.

♣ 세계제국을 건설해 중국을
세계 최고 국가로 만들고 싶다

사 토 무 라 : 솔직한 이야기를 들어보고 싶습니다.
이번 중국 공산당 중앙군사위원회에서 부주
석으로 취임이 결정되었습니다. 하지만 조금

전에는 권력 투쟁에 관한 이야기도 했습니다.

시진핑 수호령 : 권력 투쟁 따위는 너무 시시한 이야기야(강연 장 내의 바닥을 가리키며). 이런 시시한…… 아니, 작지는 않지. 위대하고 거대한 단체에서도 권력 투쟁이 일어나게 마련이지. 중국 같은 거대 국가에서도 마찬가지야. 그건 당연한 '적자생존의 법칙' 인 거야. 그렇게 눈을 치켜뜨고 말할 건 아니야.

사 토 무 라 : 그래서 세계적으로도 별로 보도되지 않은 내용을 물어보고 싶습니다만, 차기 국가주석으로서 당신은 중국을 어떤 국가로 만들 생각입니까?

시진핑 수호령 : '최고의 국가' 로 만들고 싶어.

자네들도 자네들 종교를 '최고의 종교' 라고 말하는 걸 좋아하지? 난 친일파라 그런지 역시 다른 중국인보다 잘 아는 것 같아. 자네들은 세계 종교가 되고 싶지?

마찬가지야. 같은 생각인 거야.

사 토 무 라 : 예……

시진핑 수호령 : 나도 중국을 세계 국가로 성장시키고 싶어.
예전의 대당(大唐)제국이나 원나라와 같은 세
계제국을 세워서 '중국의 시대가 왔다' 는 걸
세계에 알리고 싶어. 나는 이런 큰 뜻이 있어.

사 토 무 라 : 경제력 면에서 세계 최고를 지향하는 건가요?
혹은 군사력에서도……

시진핑 수호령 : 모든 면에서 세계 최고가 되고 싶어.

사 토 무 라 : 모든 면에서요?

시진핑 수호령 : 모든 면에서.

♣ 중국 국민의 80퍼센트가
중산층 의식을 갖게 한다

사 토 무 라 : 앞에서 '태자당이긴 해도 인민 속에서 온갖
어려움을 겪으며 성장했다' 는 이야기도 나왔

습니다.

지금 중국은 국민 사이의 경제적 격차가 매우
큽니다.

시진핑 수호령 : 그 큰 격차를 해소하는 게 내가 맡을 임무야.

사 토 무 라 : 그렇다면 서민을 풍요롭게 하고……

시진핑 수호령 : 당연하지.

사 토 무 라 : 행복하게 해주는……

시진핑 수호령 : 물론.

사 토 무 라 : 중국 일반 서민의 행복에 대해 어떻게 생각하
십니까?

시진핑 수호령 : 그 부분에 대해서는 '열심히 노력해서 모든
사람의 생활수준을 어느 정도 중산층 수준까
지 끌어올리고 싶다' 라고 생각해. 난하이(南
海)에 대부호들이 일부 있는데, 중국의 모든
사람을 그들과 같은 대부호로 만드는 건 인구
수로 봐도 정말 무리야.

하지만 대부호는 아니더라도 모든 사람을 어
떻게든 중산층 수준까지는 올리고 싶어. 이 점

에 대해서는 일본에 겸허하게 배울 생각이야.

일본에는 '나는 하류층이다' 라고 생각하는 사람 수가 정말 적지? 아마 지금 일본에서는 전체 인구의 약 10퍼센트도 안 될 거야. 대부분이 자기자신을 중산층이라고 생각해. 그렇게 생각하는 사람이 80퍼센트 정도지?

일본에는 스스로 상류층이나 부유층이라고 생각하는 사람이 10퍼센트, 하류층이라고 생각하는 사람이 10퍼센트 정도야. 즉 그 사이의 80퍼센트는 자신이 중산층이라고 생각해.

일단 국가로서 일본의 이런 좋은 점은 확실히 받아들이고 배울 생각이야.

그래서 우리도 80퍼센트 정도가 스스로 중산층이라고 생각할 수 있는 국가로 만들 거야. '부자는 10퍼센트 정도' 라고 생각되고, 가난한 사람이 전부 사라질 수는 없지만 10퍼센트 이하로 그치게 하고 싶군. 그 점에 대해서는 일본을 하나의 국가 모델로 삼고 있어.

사 토 무 라 : 일본을 참고로 한다는 것은 훌륭하다고 생각

합니다.

지금 중국은 에너지나 자원이 상당히 부족해

졌고, 석유 수입국이 되었습니다. 이에 대해

서는 어떻게 생각합니까?

시진핑 수호령 : 어찌 됐든, 중국은 인구가 많으니까.

자네들이 보통 몇 명의 가족으로 구성되었는

지 모르겠지만, 대개 3인 가족이나 4인 가족

구성이 많을 거야.

예를 들어서 가족 구성원 수가 15인 또는 20

인이라고 생각해 봐. 그렇다면 식사할 때는

전쟁을 방불케 할 거야. 방심하면 먹을 것이

전부 없어지겠지.

그게 바로 지금 중국의 상황이야. 정말 식용 뱀

이나 개구리라도 키우고 싶은 심정이야.

앞으로 식량 위기, 수자원 위기, 에너지 위기,

그리고 제품을 만들고 싶어도 철광 자원을 구

할 수 없는 위기 등 다양한 위기가 닥칠 거야.

그래서 이런 위기에 대처하고 대부분 국민을 중산층으로 만들 수 있는 큰 인재가 지금 필요해.

사 토 무 라: 지난번에 원자바오 씨의 수호령은 '자원이 부족한 상황이라 세계에서 빼앗을 것이다' 라는 식으로 말했습니다.

시진핑 수호령: 빼앗을 생각은 없어. 나는 평화적으로 해결하고 싶으니 빼앗을 생각은 없어. 하지만 국가로서 국민의 생존이 확보되는 수준까지 뒷받침해 줘야지.

사 토 무 라: 지금 말을 잘 골라서 하시는군요.

시진핑 수호령: 아하하. 앞으로 2년 동안 나는 수험생이야(강연회장 내 웃음). 알겠어? 나는 아직 합격하지 않았거든.

중국과 일본을 합병하고 싶다

사 토 무 라 : 그렇다면 일본에 대해서는 어떤 정책을 펼 생각이십니까?

시진핑 수호령 : 또 말을 잘 골라서 해야 하는데…… 일본은 말이야, 나는 일본이 매우 좋은 나라기 때문에 우호국이라고 생각해. 음……

그래서 가능하면 말이지……

자네 〈더 리버티〉에 아직 영향력이 조금이라도 남았는가? 실각했나? 어때? 아직 영향력이 있어?

사 토 무 라 : 아직 영향력이 조금 있습니다.

시진핑 수호령 : 조금 남아 있다고?

사 토 무 라 : 예. 조금 남았습니다. 실각하지 않았습니다(강연회장 내 웃음).

시진핑 수호령 : (사토무라를 가리키며) 식은땀을 흘리는군. 다음

편집장이 자네를 숙청하지 않았는가?

사 토 무 라 : 괜찮습니다. 아직 숙청되지 않았습니다(웃음).

시진핑 수호령 : 아직 숙청되지 않고 영향력이 있는가?

그렇다면 잘 들어줘야 하는데, 내 본심은 '중·일 동맹'을 맺는 거야.

미·일 동맹은 이미 50년이 흘러서 효력을 상실했어. 즉 '지금 중·일 동맹을 맺는 것이 아시아의 안정과 번영으로 이어질 것'이라고 생각해.

그래서 내가 국가주석이 된다면 반드시 중·일 동맹을 맺고 싶어.

이것은 내 제안이니 〈더 리버티〉에서 대서특필 감으로 다뤄졌으면 해.

사 토 무 라 : 중·일 동맹이라고 하셨는데 동맹이라는 말은 듣기는 좋습니다만……

시진핑 수호령 : 동맹이야.

사 토 무 라 : 사실 그건 종속화를 의미하지 않습니까?

시진핑 수호령 : 아니, 그렇지 않아. 대등한 합병이니까 종속

화는 아니야.

사   회 : 합병?

시진핑 수호령 : 왜? 일본에서 합병은 나쁜 말인가?

사   회 : 합병이라고 하면 구체적으로 어떤 의미입니까?

시진핑 수호령 : 일본에서 나쁜 말인가?

　　　　　　　합병은 닛산과 르노가 합병한 것과 같은 의미로 좋은 것 아닌가?

사   회 : '한일 합병' 같은 의미의 합병을 의미합니까?

시진핑 수호령 : 아니. 닛산과 르노가 합병한 것 같은……

사   회 : '일본 합병' 입니까?

시진핑 수호령 : 세계적 기업인 도요타와 GM이 합병한 느낌 같은 건데, 나쁜 의미인가?

　　　　　　　세계 2위를 다투는 국가인 중국과 일본이 합병하면, '미국' 에도 맞대응할 전투력이 생기지 않을까?

사   회 : 그렇다면 정부는 하나가 됩니까?

시진핑 수호령 : 그런 게 아니라, 대등한 합병이야. 그러니까 간

부나 중역은 파견되어도 대등한 합병이야.

사 토 무 라 : 건국 이래의 중국 역사를 살펴보면, 티베트나

위구르도 그런 형태로……

시진핑 수호령 : 그래. 우리와 합병했지.

사 토 무 라 : 티베트에서는 합병 후 티베트어를 사용할 수

없게 되었습니다.

시진핑 수호령 : 뭐……

사 토 무 라 : 이틀 전에 중국 칭하이 성(靑海省 : 티베트 고원

북동부에 있는 성)의 티베트족 자치주에서 티베

트족 고등학생 수천 명이 한어(漢語) 교육 강

요를 반대하는 시위를 했습니다.

시진핑 수호령 : 자네, 〈더 리버티〉 같이 큰 잡지에 그런 시시

한 이야기를 올려서는 안 돼.

사 토 무 라 : 저는 그 이야기가 시시하지 않고 굉장히 중요

하다고 생각합니다.

그렇다면 일본을 어떤 국가로 만들어 나갈 생

각입니까?

시진핑 수호령 : 한족 간부 약간 명을 파견할 생각이야.

사 토 무 라 : 그렇다면 '흡수 합병'에 가까운 형태입니까?

시진핑 수호령 : 아니, 서로 합의로 이룬 합병이기 때문에 흡수 합병은 아니야. 서로 의논해서 합병할 거야. 지금 민주당과는 말이 통할 것 같은 느낌이야.

올해 후반에 중국과 일본의 관계가 조금 험악했지만, 원래 민주당 정권과 사이좋게 지내고 싶다고 생각해. 하지만 내가 말한 걸 듣지 않으면 일본을 좀 뒤흔들어 줄 수도 있다는 뜻이지.

♣ 천황은 1년에 한 번

중국에 조공을 바치러 오게 한다

사   회 : 일본의 정치 체제인 천황제는 어떻게 되는 겁니까?

시진핑 수호령 : 천황제? 천황이 중국에 오도록 해야지.

사   회 : 그렇다면 티베트의 달라이 라마 같은 느낌 아
닌가요?

시진핑 수호령 : 매년 천황이 중국에 와서 '중국 황제' 인 나를
알현한다면 특별히 상관하지 않을 거야. 그게
'중 · 일 동맹' 이야.

사 토 무 라 : 아니, 그건 이미 중국 역사에 존재했던 '조
공' 이라는 겁니다.

시진핑 수호령 : 그래. 조공은 중국이 가장 빛났던 시대에 했
던 멋진 일이야.

사 토 무 라 : 일찍이 중국에서 그런 일이 있었지요. 그러나
일본 역사상 일본이 조공한 적은 없습니다.

시진핑 수호령 : 지금 자네들은 속고 있는 거야. 주의해.

영계(靈界)에서 다양한 사람이 와도 좀처럼 정
체를 알 수가 없어. 그래서 내가 자네들이 길
을 잘못 들지 않도록 바람직한 안내 역할을
할 테니 잘 들어둬.

자네들도 이미 정당을 만들어서 그런 역할을

하고 있지? 조금씩 일본의 언론에도 그 영향이 나타나긴 하지만, 아직 영향력이 미미해. 나는 그 부분을 분석하고 있어. 새로 만든 당의 이름이 행복당인가?

사 토 무 라 : 행복실현당입니다.

시진핑 수호령 : 실현당인가? 창당에 관여한 쇼토쿠 태자(聖德太子)가 영적으로 관여했군. 중국에 대해 건방지게 '대등한 외교' 를 언급한 사람이야.

그자가 창당에 관여했기 때문에 중국과 대등하게 '어깨를 나란히' 하려는 경향이 있는 거야. 하지만 그런 태도는 일본을 궁지로 몰아넣는 발상이야.

일본을 지키고 싶다면, 역시 중국을 칭송하며 중국의 보호 아래로 들어와야 해. 그것만이 일본을 지키는 길이야.

사 토 무 라 : 그건 대등한 합병이 아닙니다.

시진핑 수호령 : 대등해. 천황이 1년에 한 번 중국에 조공만 하면 돼.

사 토 무 라 : 그것은 '일본이 보호된다' 기보다……

시진핑 수호령 : 우리가 보호해 주는 거야.

사 토 무 라 : 그건 '일본을 잃는다' 라는 의미입니다. 즉 일
본의 독립성을 잃는 것 아닙니까?

시진핑 수호령 : 아니야, 그렇지 않아. 우리는 틀림없이 몽골
과 위구르도 지키고, 티베트도 달라이 라마로
부터 지켰어.

08

시진핑 수호령이
그리는
세계제국 구상

오스트레일리아에 나눠 준다

사 토 무 라 : 그 '보호해 준다' 라는 것은 잘못된 생각입니다.

시진핑 수호령 : 가까운 시일 안에 우리는 인도와 파키스탄도 보호해 줄 거야. 그리고 오스트레일리아도 좀처럼 인구가 늘지 않으니 위대한 우리 중국 인구를 좀 나눠줄 생각이야. 오스트레일리아는 지역이 크잖아? 저렇게 큰 나라인데도 소수의 원주민인 아보리지니(aborigine : 오스트레일리아 대륙의 선주민)와 유배된 백인으로 인구가 구성되는데 인구가 전혀 늘지 않아. 여성의 수가 부족해서 아이가 늘지 않는 건가? 중국인 5천만 명 정도를 오스트레일리아로 이주시키면 크게 발전할 거야.

사 토 무 라 : 하지만 오스트레일리아 쪽이 기뻐할지 모르

겠습니다.

시진핑 수호령 : 명예로운 백인 대우를 받게 될 테니까 기뻐할

거야.

♣ 동남아시아의 여러 나라는
미국에 세뇌당했다

사 토 무 라 : 지금 시진핑 수호령님은 '보호해 준다' 라고

말씀하셨습니다만 동남아시아의 여러 나라

는……

시진핑 수호령 : 보호해 주는 거야. 우리가 일본을 보호해 주

는 거야.

사 토 무 라 : 머지않아 아세안(ASEAN : 동남아시아국가연합)

정상회의가 열립니다만, 당신이 보호해 준다

고 한 나라들이 오히려 무서워하며 어떻게든

중국을……

시진핑 수호령 : 그건 오해야. 그들은 미국에 세뇌된 거야. 지난 세계 대전에서 미국이 어쩌다 일본에 이긴 걸 기회로 삼아서 아시아까지 패권을 장악하려는 게 역사적으로 바람직하다고 말할 수 있어? 5000년의 역사를 볼 때 대서양의 미국이 아시아 지역을 지배하는 게 정말 바람직하다고 말할 수 있어?

♣ 황인종을
중국의 지배하에 두고 싶다

사 토 무 라 : 솔직하게 대답해 주셨으면 좋겠습니다. 중국은 태평양의 어느 곳까지 판도를 넓히고자 합니까?

시진핑 수호령 : 황인종은 일단 중국의 지배하에 두고 싶어. 아니, '지배하' 라는 표현 방식은 나쁘지. '보

호하’ 에 두고 싶어.

사 토 무 라 : 예. 지금 지배하라는 말이 나왔습니다만……

시진핑 수호령 : 아, 나의 실수다(강연회장 내 웃음).

사 토 무 라 : 태평양의 어느 곳까지 넓힐 수 있습니까?

시진핑 수호령 : 모든 황인종은 우리 보호하에 두는 거야. 그
리고 백인 중에서는 오스트레일리아가 자원
이 있는데도 인구가 부족해서 산업이 발전하
지 못하는 게 불쌍해. 그래서 그들을 좀 도와
줄 생각이야.

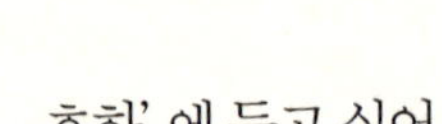

중국의 식량 창고로 바꿀 생각이다

시진핑 수호령 : 그 다음으로 아프리카는 황인종은 아니지만
오바마처럼 훌륭한 인재가 배출된 지역이잖
아. 아프리카를 ‘중국의 식량 창고로 바꿔야

'겠다' 고 생각 중이야.

사 토 무 라 : 식량 창고로 바꾼다고요?

시진핑 수호령 : 식량 창고로 말이야.

사 토 무 라 : 말은 도와 준다고 해도, 뭔가 조건이 있는 '도
와 준다' 라는 생각이 듭니다.

시진핑 수호령 : 아니야. 중국의 인구는 아마 앞으로 15억 명,
16억 명이 될 거야. 그 많은 사람이 먹고 살아
가려면 식량을 많이 수입해야만 하잖아?

아프리카의 나라들은 세계에서 가장 뒤처진
곳이야. 그러니까 우선 식량 생산을 늘리고,
그 다음에 산업을 육성하는 거야. 그리고 나
라가 외화를 벌려면 역시 반드시 수출을 해야
하니까 중국이 그 식량을 사주는 거야. 그러
면 아프리카는 풍요해지고 중산층을 목표로
올라가려는 사람 수도 늘어날 거야.

이 생각은 아프리카에도 좋은 선택 안이야.

사 토 무 라 : 예. 아프리카에 대한 생각은 이해가 됩니다.

중국이 지배했다

사 토 무 라 : 잠시 지도 이야기로 돌아가면, 당신이 보셨을 때 오키나와는 일본 영토입니까, 아니면 원래 중국 영토라고 생각하십니까?

시진핑 수호령 : 물론 오키나와는 원래 중국인이 지배하던 곳이야. 류큐국(琉球國 : 현 오키나와)은 중국의 것이야.

사 토 무 라 : 확실히 중국에서 많은 사람이 그곳으로 갔습니다만.

시진핑 수호령 : 거긴 중국 문화 자체야. 뭔가 유명한 문이 있지? 슈레이문(守禮門)이던가?

사 토 무 라 : 예. 슈레이문입니다.

시진핑 수호령 : 그리고 민족의상을 봐도 전부 중국 문화야. 자네들이 한동안 오키나와를 점령하고 있었으니 자네들 권리라고 말하겠지만 원래는 중

국의 것이야.

사 토 무 라 : 그렇다면 '일본이 오키나와를 점령하고 있다' 라고 생각하십니까?

시진핑 수호령 : '왜인(倭人)이 류큐(琉球)를 점령하고 있다' 라는 느낌이야.

하물며 미국인은 이미 오키나와를 대점령한 셈이지.

사 토 무 라 : 그러면 오키나와에서 미국인도 몰아내겠다는 것인가요?

시진핑 수호령 : 아니. 하지만 '하루빨리 류큐인이 해방되어야 한다' 라고 생각해.

♣ 티베트, 위구르는
대중국에서 독립하지 않는 편이 더 발전한다

사 토 무 라 : '해방' 이라는 말이 등장하면 저는 항상 가슴

이 덜컥 내려앉았습니다. 중국은 항상 해방이라
고 말하면서 티베트인을……

시진핑 수호령 : 아니. 해방이 맞아. 미국에 침략당했잖아?

중국은 지난 세계대전에서 미국의 도움을 받
았기 때문에 이렇게 말하는 것도 좀 그렇지
만, 미국에 의해 해방하게 되면 그 후에 오랫
동안 시달리니까 말이지.

그래서 유럽과 구미인(歐美人)은 믿을 수 없
어. 다른 국가를 식민지로 삼은 건 구미 뿐이
지? 일본은 약간 흉내를 냈을 뿐이고. 황인종
은 나쁜 짓을 안 해.

아프리카와 아시아를 식민지로 삼았던 것도
모두 유럽인과 미국인이야.

이런 시대를 끝나게 하는 것은 중요한 사명이
기도 해.

사   회 : 하지만, 중국은 현재도 티베트나 위구르를 식
민지로 삼고 있습니다.

시진핑 수호령 : 원래 '대중국' 일 때는 모두 하나였어.

사   회 : 하지만 현대에 식민지 지배를 하는 곳은 중국

뿐입니다.

시진핑 수호령 : 하지만 티베트와 위구르는 독립하면 경제력,

군사력, 그리고 정치력이 부족해져서 약해지

기 때문에 중국에 종속되는 편이 더 발전할

수 있어.

사   회 : 그건 궤변입니다.

시진핑 수호령 : 자네. 티베트에는 지금 고속철도도 달리고 있

어. 굉장한 발전이지……

사   회 : 아무리 그런 철도가 달려도 모국어를 사용할

수 없다면 무의미합니다.

앞으로
중국어가 세계어가 될 것이다

시진핑 수호령 : 사실 세계에 통용되는 언어는 단 한 개만 있

어도 돼.

사   회 : 그건 당신의 생각입니다.

사 토 무 라 : 그 한 가지 언어가 굳이 중국어가 될 필요는
없다고 생각합니다.

시진핑 수호령 : 이렇게 많은 언어가 한 세계에 존재한다는
건……

사   회 : 왜 티베트어로 말하면 안 됩니까?

시진핑 수호령 : 사실 전 세계에 수많은 언어가 있기 때문에
인류 간에 벽이 생기는 거야.

자네들은 〈구약성서〉를 읽었겠지? 바벨탑 이
야기에서 인류는 신의 노여움으로 서로 다른
말을 하게 되어서 의사소통을 할 수 없게 된
거라고 해.

모든 이가 서로 의사소통이 가능한 언어로 통
일해서 사용한다는 건 정말 위대한 일이
야……

사   회 : 언어의 그런 면은……

시진핑 수호령 : 그래서 가장 인구가 많은 나라의 언어가 세계

어가 되어야 해.

그게 어느 나라 말인가 하면, 앞으로 약 16억 명 정도까지 늘어날 중국의 언어를 중심으로 학습층을 만든다면 중국어를 사용하는 인구가 30억 명 정도 되어서 중국어는 세계어가 될 거야.

환관 제도가 필요했다

사   회 : 중국을 예찬하는 교육을 하니까, 세뇌되는군요.

시진핑 수호령 : 자네. 수나라, 당나라 때 일본인은 중국 제도나 문화를 꽤 공부했잖아? 그거랑 마찬가지야.

사 토 무 라 : 하지만 환관(宦官)이나 전족(纏足)같이 수용되

지 않은 제도나 문화도 많습니다.

시진핑 수호령 : 그런 문화는 일본 남자의 정력이 약하니까 굳이 필요하지 않았던 거야.

사 토 무 라 : 아닙니다.

시진핑 수호령 : 중국 남자는 정력이 강해. 개구리를 먹어서 힘이 생기니 위험한 거야(강연회장 내 웃음).

그래서 그런 제도가 필요했던 거야. 가만 놔두면 자손의 씨앗을 뿌릴 테니까 거세(去勢)를 해야만 해. 뱀이나 개구리를 먹으니까 힘이 생기는 거야.

일본인은 정력이 약하니까 굳이 그렇게 하지 않아도 괜찮았던 거야.

사 토 무 라 : 아닙니다. 저도 개구리를 먹습니다만……

오키나와를 해방시켜 준다

사 토 무 라 : 어찌됐든, 오키나와 해방 전선은 언제부터 작

전을 개시합니까?

시진핑 수호령 : 오키나와를 언제 해방할까?

미국은 '중국을 돕는다' 는 명목으로 일본 전

부를 점령했어. 그 후로 오랫동안 점령당하고

있는 오키나와 사람들은 정말 불쌍해. 어찌

됐든 '미국이 철수' 한다는 건 일본에 좋은 일

이야.

오키나와가 빼앗긴 채로 있으니까 '어떻게든

해방해 줘야겠다' 는 생각이 들어.

사 토 무 라 : 그래서 다양한 공작을 펼칠 사람들이 이미 오

키나와에 잠복해 있지 않나요?

시진핑 수호령 : 공작이라는 말은 시시한 말이야.

그런 건 아니고, 나는 정당한 명분으로 군사

력을 배치해서 오키나와를 제대로 해방시켜
줄 생각이야.

사   회 : 하지만 원자바오 씨의 수호령이 '이미 오키
나와에 스파이가 충분히 잠복해 있다' 라고
말씀하셨습니다.

시진핑 수호령 : 그는 그릇이 작은 인간이라 스파이라는 표현
을 썼지만, 나는 큰 사람이라 그런 말은 쓰지
않아.

사   회 : 인물 됨됨이의 크고 작은 것과 상관없이 어찌
됐든 현 상황은 누군가가 '잠복해 있다' 는 거
군요.

시진핑 수호령 : 그래?

사   회 : 지금 오키나와에 잠복해 있다는 거군요.

시진핑 수호령 : 나는 그런 표현 방식을 좋아하지 않아.

외교 군사 훈련이다

사   회 : 센카쿠 열도 문제에 대해 아직 완전히 결말이 나지 않은 상태로 '다음 중·일 정상회담에서 토의하자' 라는 이야기도 있었습니다. 어떻습니까?

시진핑 수호령 : 그건 말이지. 일본의 외교력과 군사력, 그리고 미국과 일본을 흔들어 놓기 위한 일종의 훈련이야.

우리는 외교와 군사 훈련을 하고 있고, 센카쿠 같이 작은 섬은 사실 어떻게 되어도 상관없어.

사   회 : 그렇다면 이제 단념하셨다는 의미인가요?

시진핑 수호령 : 아니. 하하하하. 자네도 생각이 짧군.

사   회 : 아닙니다. 일부러 한 번 말해 본 것입니다.

시진핑 수호령 : 아니. 훈련하고 있다는 사실만으로도 일본 정부는 동요하는 거야.

사 토 무 라 : 그 말은 이제 정정당당하게 군사력을 앞세우
겠다는 의미군요.

즉, 항공모함을 만들자마자……

시진핑 수호령 : 군을 앞세워 공격할 필요는 없어. 준비만 해
도 그걸로 이미 끝난 거니까.

사 토 무 라 : 일본이 항복한다는 의미군요.

시진핑 수호령 : 그래. 그러니까 싸울 필요가 없지. 애당초 역
사상 '대중국' 과 싸울 수 있는 국가 따위는
없었어.

사 토 무 라 : 음.

시진핑 수호령 : 최근에는 구미에 침략당한 정말 한심한 역사
였다고 언급하지. 아편 전쟁 이후 일본에도
지거나 침략당한 적도 있었어.

그래서 이런 한심한 역사를 두 번 다시 반복
하지 않도록 확실한 '대중화제국' 을 세우고
싶다는 거야.

사 　 　 　 회 : 과연, 그렇군요.

핵무기는 쓸 수 없다

사 토 무 라 : 일본과 싸우지 않고 일본이 항복하게 하겠다
고 하셨습니다. 그렇다면 일본이 어떻게 하면
되겠습니까?

시진핑 수호령 : 일본이 쓸 수 있는 수단은 없을 텐데? 이미 손
쓸 방법이 없다고 생각해.

사 토 무 라 : 예컨대 일본에서 핵무장론이 대두한다면 어
떻습니까?

시진핑 수호령 : 아니. 일본은 진심으로 싸울 수 없을 테니까
괜찮아.

장쩌민도 그랬지만, 중국인이 화내는 모습은
붉은 도깨비같아. 만약에 우리가 붉은 도깨비
같은 모습으로 화를 내며 '핵무기를 쓰겠어'
라며 위협한다면 일본인은 물러날 거야.

사 토 무 라 : 하지만 일본인도 최악의 상황에 이르면 매우

민첩하게 행동합니다.

시진핑 수호령 : 자네들은 칼은 사용해도 핵무기는 쓸 수 없어.

사 토 무 라 : 핵무기 외에 원자력 잠수함을 만드는 것도 생각할 수 있습니다.

시진핑 수호령 : 전혀 무섭지 않아.

이전 전쟁에서 일본은 중국 내륙부에 침공해서 실패했지?

중국은 너무 넓어서 자네들이 지배한다는 건 무리야. 아무래도 인구 1억 명으로는 힘들어.

사 토 무 라 : 아닙니다. 특별히 일본이 중국의 깊숙한 곳까지 공격할 생각은 없습니다.

시진핑 수호령 : 결국 일본은 우리를 이길 수 없는 거야. 중국 내륙 깊은 곳에 핵시설을 구축한 다음에 일본을 향해서 핵폭탄을 쏜다면, 일본은 질 거야. 아니, 이미 깊은 곳에 핵시설을 많이 만들고 있어.

완전히 약화시켰다

사 토 무 라 : 일본에서 '헌법 개정'의 움직임이 있는 것에
대해서는 어떻게 생각하십니까?

시진핑 수호령 : 일본의 과거 65년을 되돌아보면 지금은 예전
과 비교해서 완전히 바보가 됐어.

옛날에는 더 무서웠지. 전전(戰前) 시대의 일
본인은 정말 반짝거렸어. 머리도 좋고 체력과
정신력도 강해서 일본은 정말 무서운 국가였
어. 그래서 중국인은 정말 일본인을 이길 수
없었어.

2차 대전 이전 일본은 '사무라이 국가'로서
지력과 체력이 뛰어나고 용의주도한 군사 훈
련으로 군기도 확실히 잡혀 있었어. 정말 강
한 나라였지.

하지만 2차 대전 후 일본은 완전히 미국에 당

했다는 생각이 들어. 이미 껌을 씹으며 야구 하는 미국과 같은 나라가 되었어. 그런 수준 이 된 거야.

그런 의미에서 미국은 일본을 약화시킨 셈이 지.

사 토 무 라 : 굳이 말하자면, 역시 일본이 사무라이 국가로 부활하는 것이 두려운 거군요.

시진핑 수호령 : 아니, 자네들이 할 수 있는 건 기껏해야 일본 열도를 방위하는 것뿐이겠지. 하지만 한국을 차지한다면 중국도 두 손 들고 항복할 거라고 생각해.

♣ 이미 일본 포위망을 구축하는 중이다

사 토 무 라 : 앞으로 일본은 중국에 일본만이 아닌 '동남아시

아의 방위'에 관해서도 호소할 것입니다.

시진핑 수호령 : 자네, 너무 우유부단하군. 인도네시아는 이미 중국의 손아귀에 들어왔어.

지금 일본 포위망을 구축하는 중이야. 협공을 할 거니까 일본은 도망갈 수 없을 거야. 일본이 중국에 조공하는 나라들로 주변이 빙 둘러싸이고, 마지막에는 완전히 고립되게 할 거야.

사 토 무 라 : 인도네시아는 이미 함락되었습니까?

시진핑 수호령 : 함락했지. 이미 함락했어.

다음 차례로 오스트레일리아를 함락하려고 노력 중이야. 중국에 자연스레 복종하도록 진행 중이지. 그 다음은 동남아시아 국가에서도 이제 곧 그런 나라가 나올 거야.

사 토 무 라 : 그렇다면 중국은 러시아, 북한, 파키스탄, 이란과의 관계는 어떻습니까?

시진핑 수호령 : 러시아에 대해서는 앞으로 일본의 우익이 영토 문제를 여러 가지 언급할 거야. 우리는 러시아와 그 문제에 대해서만 공감할 수 있어.

원래 러시아와 사이가 좋지 않았지만, 일본이 '북방 4도 반환 운동' 을 지속하는 한, 우리는 러시아와 힘을 합칠 수 있어. 러시아와는 전쟁만 일어나지 않는다면 그걸로 충분해. 러시아까지 '우리 영토로 삼겠다' 는 생각은 안 해. 그쪽 지역은 어차피 불모지대라 필요 없어.

사 토 무 라 : 북한의 새로운 후계자로 지명된 김정은에 대해 어떻게 생각합니까?

시진핑 수호령 : 어리고, 다루기 쉽지 않을까?

사 토 무 라 : 과연. 다루기 쉽군요.

시진핑 수호령 : 다루기 쉽지. 귀여워.

사 토 무 라 : 다음 질문은 만약을 위해 여쭤보고 싶습니다. 파키스탄에 대한 생각과 핵보유국이 되려는 이란에 대해 어떻게 생각하십니까?

시진핑 수호령 : 이미 물 밑에서 동맹관계를 진행 중이야. 파키스탄과 이란은 중국 산하에 들어와 있어.

신문명 건설을 시작하려고 한다

사 토 무 라 : 요컨대 파키스탄, 이란과 동맹을 맺어서 세계를 어떻게 할 생각이십니까?

시진핑 수호령 : 중국은 무기를 수출할 수 있으니까. 자네들은 불가능하지? 중국은 기술 제공이나 무기 수출도 얼마든지 할 수 있어.

사 토 무 라 : 그런 새로운 구축을 조성하여 세계를 어떻게 할 작정입니까?

시진핑 수호령 : 그래서 '대중화제국' 이라는 신문명을 건설하려는 거야. 구미 문명은 이제 끝났다는 의미야. 산업혁명부터 21세기 초까지 구미 문명이나 앵글로색슨족이 세계를 지배한 시대는 막을 내리고 지금부터는 세계사적 관점으로 '대중화제국' 시대가 열리는 거야. 이게 바로 우리가 구상한 내용이야.

자본주의를 극복할 생각이다

사 토 무 라 : 그렇습니까? '대중화제국' 이라니 정말 굉장
합니다. 그 제국에서는 어떤 언어를 사용합니
까?

시진핑 수호령 : 물론 중국어야.

사 토 무 라 : 통화 단위는 무엇입니까?

시진핑 수호령 : 위안(元)이지.

사 토 무 라 : 언론의 자유는 어떻게 됩니까?

시진핑 수호령 : 어떤 언론의 자유?

사 토 무 라 : 자유로이 말하는 것을 의미합니다.

사 　 　 회 : 종교에 대한 것입니다.

시진핑 수호령 : 자네, 그것은 말이지, '국민으로서의 의무' 에
반하지 않는 범위에서는 자유야.

사 토 무 라 : 국민으로서의 의무란 어떤 것입니까?

시진핑 수호령 : 그건 국가 체제를 지탱하는 걸 의미해.

사 토 무 라 : 그렇다면 '체제 비판의 자유'는 인정됩니까?

시진핑 수호령 : 그거야 화장실 안에서 말하는 정도라면 상관없다고 생각해.

사 토 무 라 : '종교의 자유'는 어떻습니까?

시진핑 수호령 : 종교의 자유는 말이지. 지금도 다섯 가지 정도는 중국 헌법에서 인정하고 있어.

자네들이 더 인정받고 싶다면, 중국 예찬 기사를 더 열심히 써내. 그러면 우리가 자네들 종교도 중국에서 백만 명 정도까지는 전도할 수 있도록 허용해 줄게.

사 토 무 라 : 중국 헌법에서 종교의 자유를 보장한다고는 하지만, 결국 중국 정부가 종교회의의 장(長)도 지정합니다. 이는 달리 정확히 말하자면, 국가가 종교를 상당히 지배한다는 의미입니다.

시진핑 수호령 : 자네들, 그건 오해야.

자네들은 물론 러시아나 소련에서 '마르크스가 패배했다'는 걸 좋게 생각할지라도, 중국은 마르크스가 패한 것을 보고 연구해서 마르크스주의를 혁신해 '살아남을 수 있는 마르크스주의', '수정된 마르크스주의의 신형'을 만들려고 해. 다시 말해, 자본주의를 극복할 수 있는 '신마르크스주의' 모델을 지금 연구 개발하고 있어.

마르크스주의는 절대 나쁜 게 아니야. 마르크스주의는 일본의 엘리트들과 간 나오토(菅直人), 센고쿠 요시토(仙谷由人) 같은 오늘날 일본 지도자의 마음을 상당히 끌었어.

그들이 마르크스주의에 끌린 것은 마르크스주의의 평등주의 때문이야.

그리고 그 평등주의가 우리가 지향하는 중산층을 만들어 준다면, 민주주의의 다수결 방식을 취해도 대부분의 합의를 얻을 수 있어.

그러므로 마르크스주의는 모순점만 고쳐진다면 여전히 쓸 수 있는 사고방식이야.

상하이가 뉴욕처럼 된다

사 토 무 라 : 하지만 중국을 보면 거품 경제가 상당히 커진 상태여서 거품 붕괴의 위험성도 지적되고 있습니다.

시진핑 수호령 : 아니. 미국이나 일본 정도로 심각한 거품 붕괴는 일어나지 않을 거라고 생각해. 미국이나 일본은 근본적으로 정도가 심했으니까(웃음). 중국은 별로 대수롭지 않은 수준이야.

사 토 무 라 : 그러나 상하이에 가보면 '임차인이 없는 공실뿐인 건물의 거래 가격이 자꾸 상승하는 현상'이 나타납니다. 제가 현지에 계신 분에게 물어보니 '상하이 시가 책정한 금액'이라고 했습니다. 이는 시장 원리를 완전히 무시한 형태로, 위험한 징조가 나타날 것으로 생각됩니다.

시진핑 수호령 : 자네, 아직 오해하는 것 같은데, 상하이는 '뉴욕'이 될 거야. 일찍이 아시아, 아프리카 주요국의 경제인이나 경제 엘리트들이 뉴욕에 모였듯이, 앞으로는 상하이에 모일 거야.

지금 '공실이 있다'는 현상을 언급했는데, 그건 상하이가 향후 세계적인 국제도시가 되었을 때 세계인을 수용하기 위한 태세를 갖추는 것일 뿐이야.

사 토 무 라 : 예. 알겠습니다.

♣ 대중화제국에서

일본의 자리는?

사 토 무 라 : 그럼 대중화제국의 이야기로 되돌아가겠습니다. 대중화제국에서 '일본인의 위상'은 어떻게 됩니까?

시진핑 수호령 : '왜(倭)의 국가'니까 '왜인(倭人)'이지. 앞에 '사람 인'변이 붙은 왜(倭)인데, 소인배면서 나쁜 짓을 일삼는 왜인(倭人)을 말해.

사 토 무 라 : 멸시하는 칭호군요.

시진핑 수호령 : 왜인(倭人)은 오랫동안 중국 연안부를 습격했어. 그런 유형의 왜인은 바람직하지 않아. 조화와 평화를 의미하는 '화(和)의 국가'의 '화인(和人)'이 되었을 때 비로소 평화로운 공존이 가능할 거라고 믿어(왜인, 화인은 모두 일본인을 의미함).

사 토 무 라 : 평화 공존이란 구체적으로 어떤 것입니까?

시진핑 수호령 : 천황이 1년에 한 번 베이징에 와서 알현하고 중국 국가주석도 안전하게 일본과 교류할 수 있게 된다면 '중·일 동맹'이 성립되는 거지.

사 토 무 라 : '중국 황제'에게 인사드리러 방문하라는 의미군요.

시진핑 수호령 : 천황도 중국에 오겠지만 물론 나도 도쿄나 교토에 간다는 의미야. 그래서 히로시마에서 참

배도 하고, '이와 같은 미국의 파괴 활동은 이 지구에서 두 번 다시 일어나서는 안 된다'라는 내용으로 양국이 함께 맹세하는 거지. 그게 중요한 거야.

시진핑 수호령이 그리는
세계제국 구상

09

시진핑 수호령의
놀랄 만한 전생

♣ 시진핑의 전생은
칭기즈칸이었다

사 토 무 라 : 이야기를 듣고 나서 제 머릿속에는 '제3제

국' 이라는 말이 떠올랐습니다.

시진핑 수호령 : 우리가 더 크니까 그런 작은 제국과 같다고

생각해서는 곤란해.

사 토 무 라 : 시진핑 수호령께서는 히틀러 같은 사람과 알

고 지내시겠지요?

시진핑 수호령 : 나? 나는 히틀러 따위의 소인배와는 다르지.

사 토 무 라 : 예.

시진핑 수호령 : 나는 그보다 위대한 인물이야.

사 토 무 라 : 더 위대한?

시진핑 수호령 : 저렇게 조그만 자가 아냐.

사 토 무 라 : 어떤 분입니까?

시진핑 수호령 : 나?

사 토 무 라 : 앞서 '황제' 라고 말씀하셨습니다만, 원래

는……

시진핑 수호령 : 알고 싶은가?

사 토 무 라 : 예.

시진핑 수호령 : 나는 칭기즈칸이야.

사 토 무 라 : 그렇다면 시진핑 씨의 과거세는 칭기즈칸입
니까?

시진핑 수호령 : 환생한 거지.

사 토 무 라 : 예.

시진핑 수호령 : 나는 중국의 차기 국가주석이니까 칭기즈칸
으로 환생한 이야기는 신빙성이 있어.

사 토 무 라 : 그래서 앞서 원나라의 이야기가 나왔군요.

시진핑 수호령 : 그래. 내가 칭기즈칸이야.
이제부터 중국의 시대가 오는 거야. 세계정신
은 나에게 깃들였고, 내 생각은 세계를 지배
해.

♣ 원구를

어떻게 생각하는가?

사　　　　회 : 중국은 '원구(元寇 : 중국 원나라의 두 번에 걸친 일본 습격 사건)' 에서 일본에 패했습니다.

시진핑 수호령 : 자네 말이지.

사　　　　회 : 예.

시진핑 수호령 : 자네는 여전히 시시한 이야기를 하는군(혀를 참).

사　　　　회 : 아니, 패배한 일이 시시합니까?

사　토　무　라 : 중요한 일이자 큰일이라고 생각합니다만.

시진핑 수호령 : 자네, 그 일은 작고 하찮은 거야.

사　　　　회 : 당신은 '카르마(업장)' 라는 말을 알고 있습니까? 당신의 말씀대로 당신이 칭기즈칸이라고 해도, 원구 당시 원나라는 일본을 침공할 수는 있었으나 이길 수는 없었습니다(원구는 칭기즈칸의 손자인 쿠빌라이 대에 있었던 일).

시진핑 수호령 : 자네, 그건 말이야. 당시의 조선(造船) 기술이
안 좋았던 점과 태풍이 원인이었어.
하지만 육지로는 유럽까지 침공해서 차지한
아시아 국가는 원나라 외에 없어. 당시 프랑
스 부근까지 진격해서 차지했지.

사 토 무 라 : 세계제국이 된 원나라였지만, 다만……

시진핑 수호령 : 다음 차례는 아프리카까지야.

사 토 무 라 : 그 원나라가 이길 수 없었던 국가가 바로 일
본입니다.

시진핑 수호령 : 아니. 그건 바다가 있었기 때문이야. 하필 바
다가 있어서……

사   회 : 지금도 바다는 있습니다.

시진핑 수호령 : 거친 바다가 지금도 사이에 있지만, 지금은
기상학이나 배가 발달하고 항공기까지 있는
시대라 예전과는 달라.
자네, '과거세의 카르마' 라고 했는데, 아직도
교과서에 과거세에서 실패했다라는 식으로 적
혀 있다면 내가 그 내용을 고쳐 보이지.

사   회 : 단지 교과서를 고친다고 해서 카르마가 없어
지는 것은 아닙니다.

시진핑 수호령 : 잘은 모르겠지만 원나라가 실패했다라고 말
한다면, 실패하지 않았던 부분을 보여 주고
싶어.

♣ 다른 전생에서
아시리아 제국을 세웠던 기억이 있다

사 토 무 라 : 당신이 칭기즈칸이라는 점은 정말 대단한 뉴
스거리입니다.

시진핑 수호령 : 그럴 거야.

사 토 무 라 : 이 이야기는 세계의 모든 사람이 관심을 보일
것이라고 생각합니다.

시진핑 수호령 : 그래. 그러니 어서 나를 숭배해라.

사 토 무 라 : 칭기즈칸이 죽었을 때 어느 무덤에 묻혔는지

여태껏 모릅니다. 그는 죽은 뒤 어떻게 되었습니까?

시진핑 수호령 : 천상계로 돌아가 신이 되었지. 무슨 말을 하는 거야?

사 토 무 라 : 어떤 천상계입니까?

시진핑 수호령 : 천상계? 나는 '세계 최고의 신' 이야.

사 토 무 라 : 주변에는 어떤 분이 계십니까?

시진핑 수호령 : 저 멀리 아래에 엘 칸타아레가 보이는 것 같아.

사 토 무 라 : 아니, 그건 '반대쪽에서 보고 있다' 라는 느낌이 듭니다만, 혹시 위아래가 반대가 된 것 아닙니까?

시진핑 수호령 : 2년 동안은 나도 수험생이기 때문에 말을 조심해야 해. 대원제국, 아니 실수했군, 현대판 대중화제국을 만든다면, 그 위대한 업적은 그리스도나 석가의 업적과 비교해도 떨어지지 않아.

사 토 무 라 : 칭기즈칸은 그 외에도 어떤 분으로 전생(轉生)

했습니까?

시진핑 수호령 : 칭기즈칸?

사 토 무 라 : 예.

시진핑 수호령 : 그처럼 위대한 사람은 전생이 그렇게 많지는
않아. 하지만 좀 더 옛날에 중동 쪽에 일대 제
국을 세운 기억이 있어. 그 제국이 아시리아
제국인가?

사 토 무 라 : 예.

시진핑 수호령 : 철 무기를 발명하고 중동 지역의 지배자가 되
어서 아프리카까지 침공한 일이 기억나.

사 토 무 라 : 대단한 분이시군요.

시진핑 수호령 : 나는 세계 최고가 틀림없어.

세계제국을 세울 수 없다

사   회 : 그렇다면 당신이 가장 자신 있는 부분은 군사
군요.

시진핑 수호령 : 맞아. 군사 부분이야. 경제 쪽에 주력하는 것
처럼 보이는 이유는 전채(前菜)에 해당하는 부
분이지.

사   회 : 부인은 가수처럼 보이던데, 그리고 인민해방
군 소장이라는 고위 간부직 자리에 계시군요.

시진핑 수호령 : '가수처럼 보이다니' 라니, 자네!

사   회 : 예, 가수처럼 보이는 게 아닙니다. 가수입니
다.

시진핑 수호령 : 자네, 중국에서 그녀는 이미 프로로 확고한 평
가를 받고 있어. 가수인 척하는 게 아니야.

사   회 : 실례했습니다. 가수처럼 보이는 게 아니라 진
짜 가수입니다.

시진핑 수호령 : 자네, 실례한 거야

사　　　　회 : 예.

시진핑 수호령 : '황제 부부'를 만들 목적으로 그녀를 인민해
방군 소장 자리에 앉힌 거야.

사　토　무　라 : 당신은 군사 부분에 재능이 있습니다만, 현세
기에 당신의 커다란 목표는 '세계 지배'입니
까?

시진핑 수호령 : 칭기즈칸은 군사력만으로 세계를 차지하지
는 않았어. 다양한 전략과 전술로 제국을 세
우는 방법, 용병, 병참 부문, 즉 로지스틱스
(logistics : 병참술), 그리고 식량 공급 부분 등
모든 경영에 재능이 없다면 세계제국은 세울
수 없어. 즉 나는 '종합예술가'인 셈이지.

♣ 미국은 세계를 지배하지 못하고
내리막길에 접어들고 있다

사   회 : 원나라는 왜 망했을까요? 앞으로 자신의 약점
          을 어떻게 바꾸실 생각입니까?

시진핑 수호령 : 언젠가는 멸망하는 때도 오기 마련이지. 재능
          이 너무 거대하면 그 뒤를 이을 수 없는 경우
          가 있어. 그리고 능력이 부족하면 역시 분열하
          고, 최후의 순간에는 왕조가 교체되기도 해.
          하지만 적어도 세계제국 수립을 시도하는 건
          신의 마음과도 맞는 일이야. 그래서 때때로
          역사에 세계제국의 수립을 추구하는 자가 나
          타나는 거야.
          '히틀러 따위는 작은 사람'이라고 앞에서 말
          했지? 그는 유럽도 통일하지 못했기 때문이
          야. 나는 이미 현실에서 세계제국을 만든 한
          사람이야.

사   회 : 그렇다면 중국이 멸망한다면 분열하겠군요.

시진핑 수호령 : 미국은 세계제국을 세우려다 망해가고 있어.
세계제국을 세우고자 일본을 이긴 것까지는
좋았어. 그전이 영국이었나? 영국 시대에서
미국 시대로 이행한 후 미국은 일본을 패배시
키고 세계 강대국이 되었어. 그리고 태평양까
지 패권을 넓혔지만, 이제는 이미 식민지 시
대가 끝났기 때문에 차지할 곳이 하와이나 괌
같은 섬밖에 없게 된 거야.

그래서 세계제국을 만들 수 없으니까 미국은
강대한 군사력으로 다른 나라들을 위협하며
미국에 복종하게 하려는 거야.

코카콜라나 햄버거…… 맥도날드던가? 그것
들이 세계에 널리 퍼졌지만, 유감스럽게도 미
국 문화는 가장 마지막 순간에 세계를 지배하
지 못했어. 그래서 지금 절정의 순간을 지나
서 내리막길에 접어든 거야. 역시 다음에 오
는 자가 분명히 있어.

자네들은 나름대로 일본 문명을 전 세계에 널리 확산시키려고 하겠지만, 그렇게 되지는 않을 거야. 1억 2천만 명 정도보다는 13억 명을 기반으로 한 세계제국 구상이 더 현실 가능성이 커. 가능성이 10배는 더 높다고 생각해.

♣ 인도는
무신론과 유물론으로 정리하는 편이 좋다

사   회 : 칭기즈칸은 종교를 인정합니까?

시진핑 수호령 : 국가에 불리한 것만 아니면 인정해도 좋아.

사   회 : 아니, 인정해도 좋다기보다 당신은 신앙심이 있습니까?

시진핑 수호령 : 없는 건 아니지만, 어쨌든 자네들이 말하는 '종교의 자유'가 국가 분열의 불씨가 될 수 있다면 역시 골칫덩어리이지.

종교가 여러 장소를 통치하는 원리로 쓰인다
면 괜찮아. 하지만 국가를 분열시키는 종교는
어떤 의미에서 군사에 대치되는 종교일 거야.
예를 들면, 영국은 인도의 완고한 종교 때문
에 결국 인도를 지배할 수 없었어. 다시 말해
기독교 나라로 만드는 데 실패했지.

그런 의미에서 종교는 제국주의 지배를 방해
하는 적이 될 가능성이 있기 때문에 일단 경
계해야 해.

사 토 무 라 : 종교는 항상 사람들의 행복을 위해 존재합니
다.

시진핑 수호령 : 아니. 그건 종교 입장에서 하는 말이야. 종교
가 사람들을 불행하게 하는 때도 꽤 있어.

사　　　회 : 다시 말해, '종교' 와 '당신의 야망' 이 대립할
가능성이 존재한다는 의미군요.

시진핑 수호령 : 인도를 발전시키려면, 사실 종교를 완전히 없
애야만 해.

인도에는 동물 신앙 같은 것이 수없이 많아. 역

시 그런 것들을 근대적으로 바꿔 줘야만 해.
하지만 그전에 일단 무신론과 유물론으로 깨끗
하게 정리하고 그런 다음에 건전하고 통합된 하
나의 종교를 만드는 편이 좋을 거야.

사 토 무 라 : 국가 체제와 잘 맞는 종교를 의미하는군요.

시진핑 수호령 : 아니, 그렇게 표현할 수도 있겠지. 하지만 인
도의 발전에 종교가 방해물인 건 명백한 사실
이야. 인도에는 가네샤(인도 신화에 나오는 지혜
와 행운의 신)라고 하는 이상한 모습의 코끼리
신이나 다양한 신이 많잖아? 그런 걸 조금은
정리할 필요가 있다는 거야.

일단 중국의 지배를 받으며 정리하고, 건전한
하나의 종교로 통합하면 돼. 자네들의 행복의
과학이 인도를 지배해도 좋을 것 같아. 사이
좋게 한 번 해볼까?

사 토 무 라 : 아닙니다.

♣ 일본은 단순히
섬에 지나지 않는다

사 토 무 라 : 마지막 질문이 되겠습니다. 일본도 앞서 언급
한 인도와 마찬가지로 정리하고 싶다고 생각
하십니까?

시진핑 수호령 : 일본을 정리하고 싶다고 생각하지는 않아. 자
네, 중국부터 세계지도를 그려보면 알겠지만,
일본은 중국과 가까이에 있는 섬이야.

사 토 무 라 : 예.

시진핑 수호령 : 단순히 '섬' 에 지나지 않아.

사 토 무 라 : 중국의 섬이라는 의미인가요?

시진핑 수호령 : 단지 섬이라는 거야. 그뿐이야. 중국에서 세
계지도를 그려보면, '이 섬이 세계를 지배한
다' 는 사고방식은 확실히 우스운 이야기야.

사　　　　회 : 하지만 중국은 그런 자그마한 섬에 졌다
는……

135

시진핑 수호령 : 지지 않았다고 말했잖아! 무슨 말을 하는 거야? 바빠서 손을 놓았을 뿐이야. 서쪽으로 계속 넓혀가는 데 바빴으니까 '이제 이런 조그만 섬 따위는 어떻게 되어도 상관없다' 라고 생각했던 거야.

사　　　회 : 하지만 두 번이나 공격했죠.

시진핑 수호령 : 아니, 말은 그렇게 해도 일본이 중국을 지배하는 일 따위는 못 할 테니까 내버려둬도 괜찮았을 거야. 하지만 당시 한반도를 차지하기에 무심코 조금 나섰던 거야.

원구라고는 해도, 사실 원나라 사람 중 우두머리 소수만 갔을 뿐이었어. 사실 그 전쟁에 갔던 것은 우리가 아니라 한반도 사람들이었어(고려시대). 즉 자네들 선조가 당시에 상대한 건 우리가 아니라 오늘날의 한국인이나 북한 사람인 거야. 알겠어?

사　　　회 : 하지만 지금 중국도 다민족으로 구성되어 있지 않나요?

시진핑 수호령 : 뭘 이야기하고 싶은 건지 잘 모르겠지만, 자네들은 원구 당시 한반도 사람들과 싸웠던 거야. 당시 한반도에 세워진 나라는 중국의 종속국이었으니까. 즉 그쪽과 싸웠던 거야. 배도 거의 한반도에서 만든 거였어. 그러니까 우리가 약한 게 아니라 한반도 민족이 약했던 거야.

우리는 육상 전투에 강했기 때문에 대륙에서 싸웠던 거야. 죽 공격해 들어가서 지금의 이슬람권에서 기독교권까지 지배권을 넓혔으니 히틀러 따위와 동일시한다면 곤란해.

사 토 무 라 : 오늘은 시진핑 씨가 어떤 부분까지 생각하는지와 혼의 본래 모습을 알게 되어 잘 이해할 수 있었습니다.

시진핑 수호령 : 자네들이 대형 매스컴이 된다면 베이징 지국을 개설해 주지.

사 토 무 라 : 예.

시진핑 수호령 : 그러니까 확실히 중국을 응원하는 내용의 기

사를 쓰도록 해.

사 토 무 라 : 저희도 일본인이라……

시진핑 수호령 : 이미 미래는 확정되어 있으니까 쓸데없는 저
항은 그만두길 바랄게.

사 토 무 라 : 이제부터 '칸(khan)을 상대하고 있다'는 점을
확실히 일본인에게 전하겠습니다.

시진핑 수호령 : 그래. 그러니 이길 만한 상대가 아니라는 점
을 잘 자각하고, 행복실현당도 중국 응원단으
로 바뀌도록 노력하길 바랄게. 그 외에는 살
아남을 길이 없으니까 말이야.

사 토 무 라 : 오늘은 감사했습니다.

시진핑 수호령 : 그래.

시진핑 수호령의
놀랄 만한 전생

행복의 과학
대
대중화제국의 싸움

대중화제국의 싸움

오오카와 류우호오

큰 인물의 모습이었습니다. 세계 최대의 정치가가 등장한 것 같습니다. 우리의 구상과는 다른 세계 구상이 한 가지 더 나왔습니다. 그 구상에서는 '일본은 패할 것이다' 라고 언급됩니다.

확실히 일본은 군사력이 상대적으로 미약해서 현실적인 관점에서 보면 중국이 본격적으로 나올 경우 패할 가능성이 클 수 있습니다. 그러나 끈기 있게 버텨내야 할 부분도 있다고 생각합니다.

우리가 할 일은 세계에 엘 칸타아레 신앙을 널리 전파하여 세계 각국에서 제대로 된 저항 운동이 이루어지도록 문화적 씨앗을 뿌리는 것입니다. 자유의 불씨를 뿌리는 것이 중요합니다.

다시 말해, '행복의 과학' 대 '대중화제국' 의 싸움을 향하고 있습니다. 확실히 중국이 본격적인 자세를 취한다면, 그들이 핵무기를 소지한 이상 지금 상태로는 일본이 질 것입니다.

사토무라

'엘 칸타아레 문명' 과 '대중화제국' 의 싸움이군요.

오오카와 류우호오

그가 '이 세상은 우리의 것이니 저 세상에 가서 포교해라' 라고 말한다면 그렇게 될 것입니다. 확실히 그는 군신(軍神)으로서 우월함이 있습니다. 아직 그의 정체가 전부 명확하게 밝혀진 것은 아니지만, 군사적 천재로 본다면 세계 굴지의 사람인 것은 분명합니다.

더구나 통치 능력까지 갖추었습니다. 마치 미나모토 요시츠네 같이 군사에 강하고 통치 능력까지 갖추어 정말 만만치 않은 존재입니다.

그가 예전의 부족했던 부분을 보완해 아프리카까지 진출한다면 정말 굉장한 시대가 도래할 것입니다. 그가 2020년까지 미국의 시대를 확실히 끝낼 생각을 하고 있다는 것을 오늘의 대화를 통해 알 수 있었습니다.

그는 지금의 일본 정부 따위는 상대하지 않겠죠. 그는 일본을 전혀 안중에도 두지 않고 바퀴벌레를 퇴치하는 일 정도로 생각합니다. 그들에게 일본은 마음대로 다스릴 수 있다는 수준입니다.

그는 상당한 거물인 것 같아 큰일입니다.

원구 당시의 호조 도키무네(北條時宗)가 다시 일어설까요? 심각하네요. 수비만으로는 다소 어렵기에 이번에는 일본이 질 것 같습니다.

게다가 중국은 일본 포위망을 구축할 계획이라 그들과 사상적으로도 싸움을 해야만 합니다.

일본의 멸망 여부는 '엘 칸타아레 문명' 대 '대중화제국' 의 싸움으로 귀결될 것이다.

어느 한 쪽이 다른 쪽을 집어삼키든지 혹은 굴복시켜서 좋은 방향으로 이끌어나갈 것이다.

아동 수당을 뿌려대면서 유권자의 환심을 사고 또 센카쿠 열도 영해 침범 사건을 오키나와 나하(那覇) 지방 검찰청의 사무를 판단하는 수준으로 처리하고는 피해 버리는 비겁한 일본 정부는 순식간에 백기를 들게 될 것이다. 방송국이나 대형 신문사도 곧 국영(중화제국경영)으로 전환되어 보도가 통제되고 검열을 받게 될 것이다. 그럼에도 변함없이 '민주당인가, 자민당인가?' 하는 내용만 보도하는 것은 나약한 모습이다. 빨리 국사(國師)의 말을 경청하길 바란다.

2010년 10월 26일

국 사

오오카와 류우호오

세계 황제를 노리는 남자
시진평의 본심에 다가서다

2012년 7월 5일 제1판 1쇄 발행

지은이/오오카와 류우호오
옮긴이/안미현
펴낸이/강선희
펴낸곳/가림출판사

등록/1992. 10. 6. 제4-191호
주소/서울시 광진구 중곡2동 161-27 경남빌딩 5층
대표전화/458-6451   팩스/458-6450
홈페이지/ www.galim.co.kr
전자우편/galim@galim.co.kr

값 7,500원

ⓒ 오오카와 류우호오, 2012

저자와의 협의하에 인지를 생략합니다.

ISBN 978-89-7895-366-5 03340
ISBN 978-89-7895-365-8 04340(세트)